Stefanie Schindler

MIKROABENTEUER MIT KINDERN

Tolle Familien-Auszeiten an der frischen Luft, die zusammenschweißen

humboldt

*Ich habe das Buch für alle Menschen geschrieben,
die mit Kindern Mikroabenteuer erleben möchten.
Für eine bessere Lesbarkeit schreibe ich von Kindern
in der Mehrzahl, auch wenn du nur ein Kind hast
und von dir als Abenteurerin, auch wenn du
der Papa oder Opa bist.*

INHALT

Auf ins Familien-Abenteuer! 8

Kinder sind die besten Abenteurer 8
Die Natur ist ein Abenteuerspielplatz 9
Wer schreibt hier überhaupt? 9
Darum geht es im Buch 10
Der Erde Gutes tun 11
Los geht's! 11

ALLTAG UND NATUR VERBINDEN 13

Die Idee der Mikroabenteuer 14

Was sind Mikroabenteuer? 14
Was sind Mikroabenteuer nicht? 15

Lebensqualität für Familien 18

Warum Natur für Kinder wichtig ist 18
Natur bietet Kindern einen Raum 18
Warum Natur für die ganze Familie wichtig ist 20
Natur bietet Familien einen Raum 20

Zeit für Abenteuer finden 22

Die Sache mit den Prioritäten 22
Vereinbare einen festen Termin 23
Mach aus notwendigen Wegen ein Mikroabenteuer 24
Setz dich nicht unter Druck 25

Ausreden-Check für Eltern 26

Dein Partner hat keine Lust? 26
Du bist gestresst und fühlst dich energielos? 27
Du hast keine Lust auf viel Planung? 27
Das Wetter ist schlecht? 27
Du hast noch so viel zu tun? 28

Ihr habt nur wenig gemeinsame Zeit? ... 28
Du wohnst in der Stadt? ... 28
Deine Kinder brauchen einen festen Rhythmus? ... 28
Du hast keine Ausrüstung? ... 29
Du hast keine Abenteuerideen? ... 29

Stubenhocker motivieren **30**

Sei selbst mit Freude dabei ... 30
Beziehe deine Kinder in die Planung ein ... 31
Besorge oder bastle Ausrüstungsgegenstände ... 31
Zieht mit anderen Familien los ... 32
Findet einen Kompromiss ... 32
Führt ein Mikroabenteuer-Tagebuch ... 33

Ein Mikroabenteuer starten **34**

Plane und packe im Voraus ... 34
Fang klein an ... 35
Nimm dir viel Zeit ... 36
Pack genügend Proviant ein ... 37

Fehler unterwegs vermeiden **38**

Mikroabenteuer müssen wir erlernen ... 38
Bleib flexibel ... 39
Stell wenig Regeln auf ... 39
Schmutzig machen ist erlaubt ... 40
Inszeniere keine Abenteuer ... 41
Nimm die Ängste deiner Kinder ernst ... 41

Natur in der Stadt finden **42**

WISSEN UND AUSRÜSTUNG **45**

Ausrüstung für Mikroabenteuer **46**

Kleidung ... 46
Das Zwiebelprinzip ... 47
Die Kopfbedeckung ... 50

Schuhe 50
Outdoor-Gegenstände für Kinder 52
Outdoor-Ausrüstung für Familien 55

Die Notfall-Apotheke 56

Outdoor-Küche 58

Isolierflasche 58
Gas- und Spirituskocher 58
Kochtöpfe und Pfannen 60
Teller und Besteck 61

Packliste für einen Tag in der Natur 62

Kinder- & Gepäcktransport 64

Kindertransport 64
Tragemöglichkeiten 64
Der fahrbare Untersatz 67
Gepäcktransport 68
Kinderwagen/Fahrradanhänger/Bollerwagen 68
Rucksack 69
Kinderrucksack 69

Nachhaltigkeit und Mikroabenteuer 70

Die Anreise umweltfreundlich gestalten 70
Verpackungsfreie Verpflegung mitnehmen 71
Wähle eure Ausrüstung nachhaltig 72
Die richtige Outdoor-Toilette 73
Verhaltet euch respektvoll gegenüber der Natur 74

Gefahren in der Natur 76

Zecken 76
Fuchsbandwurm 78
Gewitter und Sturm 79
Giftige Pflanzen 80
Begegnungen mit wilden Tieren 81
Dunkelheit 83

MIKROABENTEUER-IDEEN 87

Die besten Ideen für Familien 88

Für Kinder ab 2 Jahren 90

Hängematten-Nachmittag 90
Nackt baden 92
Mittagsruhe im Wald 94
Die Wege verlassen 96
Einen Berggipfel erwandern 98
Einen Duftcocktail genießen 100
Ein Picknick machen 102
Kleine Tiere beobachten 104
Burgen aus Sand oder Schlamm bauen 106
Durch einen Sommerregen tanzen 108
Einen Laubhaufen bauen 110
Draußen übernachten 112
Baumgesichter basteln 120
Steinmännchen bauen 122

Für Kinder ab 3 Jahren 124

Barfußlaufen 124
Einen Sonnenuntergang anschauen 126
Essbare wilde Pflanzen pflücken 128
Kochen in der Natur 132
Waldbingo spielen 136
Tiere beobachten 138
Blind durch den Wald führen lassen 140
Müll sammeln 142
Ein Iglu bauen 144
Naturschätze sammeln 146
Taschenlampen-Spaziergang 148
Auf Bäume klettern 150
Frühlingspflanzen begrüßen 152

Perspektiven-Wechsel 154
Matschwandern 156
Beerenverkostung 158
Waldgeräuschen lauschen 160

Für Kinder ab 4 Jahren 162

In einem Bach baden 162
Sterne bewundern 164
Auf einer Berghütte übernachten 166
Kleine Flöße bauen 170
Eine Waldwerkstatt besuchen 172
Auf Baumsuche gehen 174
Wald-Tipi-Abenteuer 176
Einen Staudamm bauen 178
Den Fokus aufs Detail richten 180
Auf Spurensuche gehen 182
Naturkunstwerke erschaffen 184
Fahrradtour um einen See 186
Verstecken spielen 188
Eine Geräusche-Karte erstellen 190

Für Kinder ab 5 Jahren 192

Eine Wald-Schnitzeljagd veranstalten 192
Einem Bach folgen 194
Steine hüpfen lassen 196
Schneebilder zeichnen 198
Nach Hause laufen 200
Pfeil und Bogen basteln 202
Eine Sonnenuhr bauen 204
Schnitzen lernen 206
Wanderkarten lesen 208
Den Kindern die Führung überlassen 210

Verbringt mehr Zeit draußen 212

Danke! 213

AUF INS FAMILIEN-ABENTEUER!

Abenteuer – das klingt nach Freiheit, Wind in den Haaren und nackten Füßen im Gras. Nach Erlebnissen in der Natur und Zeit jenseits vom Alltagstrubel. Kribbelt da die Vorfreude in deinem Bauch? Dann los. Du kannst jeden Tag mit deiner Familie Abenteuer in der Natur erleben, ob in der Stadt oder auf dem Land. Sie vertiefen die Verbindung zu deinen Kindern und nehmen die Hektik aus eurem Familienalltag.

Hast du zwischen Arbeit, Kita, Kinderturnen und Spielplatzbesuchen das Gefühl, dass euch als Familie etwas fehlt? Bist du auf der Suche nach einer Möglichkeit, zusammen zu entschleunigen und durchzuatmen? Du verbindest vielleicht selbst deine schönsten Kindheitserinnerungen und unbeschwerte Stunden mit Draußensein: mit einem Bad im kalten See, weichem Sand zwischen den Zehen oder ausgiebigen Schneeballschlachten. Dieses Buch ist dein Abenteuer-Guide aus dem Alltagstrott. Dein Guide hin zu mehr Draußenzeit mit deinen Kindern bei Mikroabenteuern.

Kinder sind die besten Abenteurer

Kinder leben nach dem Motto *„Der Weg ist das Ziel“*: Sie trödeln, heben noch einen Stein auf oder betrachten in aller Seelenruhe die Blume am Straßenrand, während wir es eilig haben. Wir lassen unseren Kindern im Alltag wenig Zeit für ihre kindliche Neugier. Ihren

Drang zu forschen, zu beobachten und kleine Abenteuer zu erleben, wischen wir mit dem Satz *„Wir müssen jetzt aber wirklich weiter“* beiseite – der Bus wartet schließlich nicht, der Morgenkreis startet pünktlich und die Einkäufe erledigen sich nicht von selbst.

Trotz Zeitdruck haben wir im Alltag immer wieder die Wahl, Ruhe vor Hektik und Abenteuer vor Routine zu stellen. Gib deinen Kindern Raum für Erlebnisse, indem du so oft wie möglich mit ihnen Zeit in der Natur verbringst. Zeit, in der ihr ganz ungestört, ohne Reize von außen und ohne Termindruck auf Entdeckungsreise gehen könnt.

Die Natur ist ein Abenteuerspielplatz

Ein paar Bäume, eine Wiese und vielleicht ein See oder ein Bach, mehr braucht ihr für eure Auszeiten nicht, denn die Natur ist ein riesiger Abenteuerspielplatz. Hier könnt ihr aufregende Stunden verbringen, die euch als Familie verbinden, bei denen ihr entspannen könnt und nach denen ihr am Abend müde ins Bett fallt, vielleicht sogar mit schmutzigen Füßen, denn für eine Dusche war keine Zeit mehr.

Wer schreibt hier überhaupt?

Hey, ich bin Steffi. Bloggerin, Autorin, Reisende, Frischluftsüchtige, Bergliebhaberin und Zweifachmama. Verliebt in die Welt und ganz besonders in die Berge. Von unseren Reisen und Wanderungen als Familie berichte ich auf meinem Blog *a daily travel mate – dem Reise- und Outdoorblog für Familien.*

Auf *a daily travel mate* findest du jede Menge praxiserprobte Tipps zum Wandern und Draußensein mit Kindern. Viel nützliches Wissen und jede Menge Inspiration zum Reisen mit Baby und Kind, Achtung Fernwehgefahr, warten dort auf dich.

Auf meinem Outdoorblog kannst du dir verschiedene Packlisten für eure Abenteuer aus diesem Buch herunterladen. Egal, ob du einen Mikroabenteuer-Nachmittag oder eine Übernachtung unter freiem Himmel mit deinen Kindern planst, dank der Packlisten bist du bestens vorbereitet und kannst dir sicher sein, nichts Wichtiges vergessen zu haben.

Darum geht es im Buch

Dieses Buch steckt voller Ideen für kleine Abenteuer, für Kinder zwischen zwei und fünf Jahren. Ideen für Auszeiten, die direkt vor der Haustür starten, egal ob in der Stadt oder auf dem Land. Einfache Abenteuer, die ihr ohne große Vorbereitung erleben könnt und für die ihr nicht viel Zeit benötigt.

Als Zweifachmama weiß ich, dass es Familien häufig an Zeit fehlt. Deshalb findest du im Kapitel *Zeit für Abenteuer finden* Denkanstöße, mit denen du Zeit fürs Draußensein freischaufeln kannst. Manchmal fehlt schlichtweg die Lust auf frische Luft, weshalb ein Ausreden-Check für uns Eltern und Argumente für Stubenhocker genauso wenig fehlen, wie erprobte Tipps für den leichten Abenteuer-Einstieg.

Alle Abenteuer-Neulinge finden im Abschnitt *Wissen und Ausrüstung* praktisches Outdoor-Knowhow und Tipps rund um das Thema Ausrüstung. Ich habe beim Schreiben auf meine eigene Draußen-Erfahrung mit Kindern zurückgegriffen und so gibt es neben vielen Praxis-Tipps hilfreiche Packlisten, die du dir für deine Vorbereitung auf meinem Blog herunterladen kannst.

Stehen Verpflegung und Picknickdecke gepackt an deiner Haustür und du bist nur noch auf der Suche nach einem spannenden Mikroabenteuer, wirst du im letzten Teil des Buches ganz sicher eine passende Idee finden. Hier jagt ein Abenteuer das nächste und seid ihr erst einmal unterwegs, wollt ihr vor lauter Inspiration gar nicht mehr nach Hause zurück. Eine Übernachtung unter freiem Himmel? Ja, auch dazu gibt es Infos und Tipps in diesem Buch.

Der Erde Gutes tun

Das Thema Nachhaltigkeit ist in aller Munde, denn der Klimawandel ist Realität. Was haben Mikroabenteuer nun mit Nachhaltigkeit zu tun? Sie eignen sich bestens, deine Kinder ganz einfach an dieses Thema heranzuführen, indem du das Draußensein im Einklang mit der Natur gestaltest und es ihnen vorlebst.

Die Natur kann niemals durch eine virtuelle Welt ersetzt werden und sie ist schützenswert. Das kannst du bei jedem Mikroabenteuer deiner Familie mit auf den Weg geben, von klein auf und quasi nebenbei.

Los geht's!

Ich hoffe, du scharrst schon mit den Füßen und willst sofort mit einem Abenteuer starten. Ich möchte dir mit diesem Buch Lust machen, mit deiner Familie viel Zeit an der frischen Luft zu verbringen. Und ich möchte, dass du dein Vorhaben in die Tat umsetzt. Lass dich nicht unterkriegen von knapper Zeit, fehlender Motivation und vor allem nicht, weil es dir an Ideen mangelt.

Mache dir und deinen Kindern eines der schönsten Geschenke, das es geben kann: gemeinsame Zeit in der Natur.

Ich wünsche dir viel Spaß beim Lesen, Planen und Draußensein mit deiner Familie.

Deine Steffi

ALLTAG UND NATUR VERBINDEN

Die Idee der Mikroabenteuer S. 14–17

Lebensqualität für Familien S. 18–21

Zeit für Abenteuer finden S. 22–25

Ausreden-Check für Eltern S. 26–29

Stubenhocker motivieren S. 30–33

Ein Mikroabenteuer starten S. 34–37

Fehler unterwegs vermeiden S. 38–41

Natur in der Stadt finden S. 42–43

DIE IDEE DER MIKROABENTEUER

Kinder, ob wild oder eher ruhig, kommen als Abenteurer auf die Welt, denn für sie ist jede noch so kleine Entdeckung spektakulär-großartig. Aber auch in dir steckt eine Abenteurerin: Löse dich von dem Gedanken, dass Abenteuer nur für die besonders Mutigen reserviert sind und mit fernen Ländern, einzigartigen Naturschauspielen und Strapazen verbunden sein müssen. Abenteuer warten auf dich und deine Familie direkt vor eurer Haustür. Im Kleinen. In Mikroabenteuern.

Was sind Mikroabenteuer?

Ein Mikroabenteuer ist ein Ausflug in die Natur oder zu naturnahen Plätzen. Es ist ein kurzes Ausbrechen aus dem Alltag, ein Outdoor-Erlebnis am Nachmittag oder am Wochenende. Es ist kostengünstig und simpel, es startet im Idealfall direkt vor eurem Zuhause und lässt sich gut in den Familienalltag integrieren.

Grundsätzlich beginnen Abenteuer und somit das Verlassen der Komfortzone allerdings für jeden von uns woanders. Mein persönlicher Wohlfühlbereich ist mit zwei kleinen Kindern schnell verlassen. Eine Fahrradtour mit Pausen, um einen Staudamm zu bauen und draußen zu kochen, finde ich schweißtreibend-aufregend, während andere Eltern mit Kleinkindern ohne Zelt im Wald übernachten. Wo genau für dich ein Abenteuer beginnt, kannst nur du selbst entscheiden.

MIKROABENTEUER FÜR DIE GESAMTE FAMILIE

Ein Mikroabenteuer soll allen Familienmitgliedern Spaß machen – auch dir. Die kleinen Auszeiten dürfen kein für die Kinder inszeniertes Event sein. Die Idee ist, dass ihr alle Kraft aus der Zeit in der Natur schöpft und gemeinsame Erinnerungen schafft. Dass ihr am Abend alle glücklich und randvoll mit Erlebnissen und neuer Energie seid. Ein Gefühl, das ihr vielleicht nur mit Urlaub verbindet, das ihr euch jedoch ganz bewusst in euren Alltag holen könnt.

Was sind Mikroabenteuer nicht?

Ein Zoobesuch, ein Spielplatzaufenthalt oder ein Schwimmbadbesuch sind keine Mikroabenteuer. Es geht nicht darum, vorgegebene Spielewelten zu besuchen, sondern in die Natur einzutauchen, sich dort treiben zu lassen und für ein paar unbeschwerte Stunden die Hektik aus eurem Leben zu nehmen.

WARUM FAMILIEN ABENTEUER WAGEN SOLLTEN

Interview mit Abenteurer Christo Foerster, der das Draußensein und Geschichten erzählen zu seiner Berufung erklärt hat.

Der mit seiner Familie in Hamburg lebende Autor und Vortragsredner Christo Foerster hat den Begriff der Mikroabenteuer in Deutschland geprägt. Sein Podcast und seine Bücher inspirieren tausende Zuhörer und Leser, ihren Alltag mit Freiheit und Abenteuern zu kombinieren.

Was empfiehlst du Eltern, die sich das erste Mal auf ein Mikroabenteuer mit Kindern einlassen?

Nehmt nicht die Kinder mit auf ein Abenteuer, sondern macht es genau andersherum und lasst euch von den Kindern mitnehmen. Das sorgt sofort für eine andere Haltung, und zwar auf beiden Seiten. Kinder sind die besten Abenteurer überhaupt. Wenn wir ihnen Verantwortung geben, überraschen sie uns oft extrem. Ein paar Rahmenbedingungen sind meist hilfreich, aber es sollte genug Freiraum geben.

Mikroabenteuer für Städter: Hast du Ideen, wie aus einem Spaziergang im Stadtpark ein Mikroabenteuer für Familien werden kann?

Genauer hingucken, sammeln, entdecken, neue Wege gehen, auf Bäume klettern, „blind" unterwegs sein, also mit verbundenen Augen, oder bei Vollmond. Ein Abenteuer fordert immer heraus, es führt über die Schwelle der Bequemlichkeit hinein ins Ungewisse. Und das ist tatsächlich auch im Kleinen möglich.

Warum findest du, dass Mikroabenteuer für Familien wichtig sind?

Abenteuer, ob kleine oder große, warten immer mit Situationen auf, für die wir noch keine Lösung parat haben. Wir müssen erstmal eine finden, wir müssen das Beste machen aus dem, was wir haben, da wo wir sind. Gemeinsam Lösungen zu finden, schweißt zusammen. Wir lernen die anderen, aber auch uns selbst besser kennen. Und unabhängig davon ist jede Stunde in der Natur eine gute, weil die Natur unser ursprünglicher Lebensraum ist.

Was war dein schönstes Mikroabenteuer mit deinen Kindern?

Eine Draußen-Nacht bei Nieselregen nur mit Schlafsäcken, aber immerhin unter einem Tarp (einer aufgespannten Plane) am wilden Ostseestrand. Und eine Tour auf der Mecklenburger Seenplatte, bei der jeder von uns Vieren auf einem eigenen Stand-up-Paddle-Board unterwegs war und wir unser komplettes Gepäck samt Übernachtungs-Ausrüstung auf den Boards verstaut hatten.

Bist du bei einem Mikroabenteuer mit deinen Kindern schon einmal „gescheitert"?

Mein Sohn wollte mit mir auf die Zugspitze laufen, da war er sechs Jahre alt. Wir hatten eine super Zeit, allerdings waren die Bedingungen schwierig, kurz unterhalb des Gipfels war es so vereist und die Sicht wurde von Schneefall und Nebel immer schlechter. Wir mussten dann die letzten 300 Höhenmeter mit der Gondel fahren. Das war in dem Moment zwar schade, aber genau die richtige und auch eine gemeinsame Entscheidung. Heute ist unser Sohn neun und fragt mich regelmäßig, wann wir den letzten Abschnitt nachholen. Es muss aber Schnee liegen, sagt er. Im Sommer sei ihm das zu einfach.

LEBENSQUALITÄT FÜR FAMILIEN

Wir alle wissen, dass Zeit in der Natur wichtig für uns und unsere Kinder ist, nehmen sie uns aber viel zu selten. Wenn du diese Draußen-Zeit mit ein paar Abenteuerideen mischst, wird daraus ein perfekter Cocktail für mehr Lebensqualität.

Obwohl der Mensch ein Teil der Natur ist, haben wir irgendwann im Laufe unseres Lebens verlernt, sie als einen Rückzugsort zu betrachten. Als einen Ort, der uns und unseren Kindern sowohl Geborgenheit als auch Freiheit und Stärke schenken kann. Unsere Natur ist schützenswert und wir müssen respektvoll mit ihr umgehen. Wir müssen aber auch aufpassen, dass sie uns nicht immer fremder wird. Sie ist kein Museum, sondern ein Teil von uns, den wir nutzen dürfen und sollen.

Warum Natur für Kinder wichtig ist

Natur bietet Kindern einen Raum ...

- **für Freiheit:** Kinder können sich in der Natur ungezwungen bewegen und entfalten. Ihr Spiel ist draußen viel interaktiver und aktiver als drinnen. Je weniger Regeln du während eines Mikroabenteuers aufstellst, desto besser. Im freien Gelände sollen Kinder einfach nur sein.

- **für Bewegung:** Toben, über die Wiese kullern, auf Felsen klettern, über Baumstämme balancieren – Kinder bewegen sich im Freien unglaublich viel, und zwar ganz nebenbei.

- **für Wissen:** Nirgends lernen Kinder so viel wie in der Natur. Dabei geht es keineswegs darum, nach einem Mikroabenteuer alle Baumarten aufzählen zu können. Mach eure Streifzüge nicht zu einem pädagogischen Ausflug. Deine Kinder lernen dabei von allein und erfahren, wie sich Wind auf der Haut anfühlt, wie frisches Laub riecht und wie es ist, wenn Matsch durch die Finger rinnt.

SINNLICHE ERFAHRUNGEN FÜR ALLE FAMILIENMITGLIEDER

Wann bist du das letzte Mal nackt in einen See gesprungen und hast dich anschließend von der Sonne trocknen lassen? Wann hast du dich hinter Bäumen versteckt oder es dir auf dem Waldboden gemütlich gemacht? Diese sinnlichen Erfahrungen sind nicht nur Kindern vorbehalten.

- **für Kreativität und Fantasie:** Im Wald, am Bach oder auf der Wiese gibt es keine Klettergerüste, Rutschen oder Schaukeln. Abenteuer erleben bedeutet, dass ihr nicht genau wisst, was euch erwartet. Und dass ihr die Natur kreativ und mit viel Fantasie zum Spielen nutzt.

- **für Entspannung:** Im freien Gelände entspannen sich Kinder, da die Eindrücke, die sie in ihrem Alltag unerlässlich verarbeiten müssen, viel geringer sind. Sie können konzentrierter spielen. Selbstverständlich brauchen auch wir Eltern Pausen zum Durchatmen. Pausen, die wir während eines Mikroabenteuers finden können.

- **für Grenzen:** Es ist wichtig, dass Kinder an ihre Grenzen stoßen, damit sie an diesem Widerstand wachsen können. Das geschieht beim Spielen im Wald oder Toben über die Wiese ununterbrochen. Durch die Konfrontation mit diesen Grenzen und der Möglichkeit, diese ohne Druck für sich selbst auszuloten bzw. zu überwinden, werden Kinder selbstbewusster.

NATUR – EIN RAUM FÜR KINDLICHE ENTWICKLUNG

An keinem anderen Ort als in der Natur lernen Kinder besser und effektiver für ihr Leben. Sensorik und Motorik werden genauso angesprochen wie ihre soziale, emotionale und kognitive Entwicklung. Diese Entwicklungsbereiche bzw. Kompetenzen können wir ihnen nicht beibringen. Wir können unseren Kindern allerdings eine Umgebung schaffen, in der sie diese durch Erfahrung entwickeln können. Die Natur ist dafür der perfekte Raum.

Warum Natur für die ganze Familie wichtig ist

Natur bietet Familien einen Raum …

- **für Beziehung:** Im Alltag erziehen wir unsere Kinder häufig. Wir schimpfen, meckern oder drohen gar. Das ist anstrengend und eigentlich wollen wir das gar nicht. Wir wollen mit unseren Kindern in einer guten Beziehung sein und respektvoll mit ihnen umgehen. Ein Mikroabenteuer ist eine Atempause vom Alltag, in der du ohne Regeln mit deinen Kindern durch die Natur streifst und in der du an eurer Beziehung und nicht der Erziehung arbeitest.

WAS WIRKLICH ZÄHLT

Mikroabenteuer sind nicht nur Ideen, um die Nachmittage mit Kindern spannend zu gestalten. Mikroabenteuer zu erleben bedeutet, dass ihr euch als Familie auf das fokussiert, was wirklich wichtig ist: gemeinsam Zeit zu verbringen. Geht raus, lasst das durchgetaktete Leben hinter euch und erlebt spannende Abenteuer in der Natur.

- **für Verbundenheit:** Gemeinsame Erlebnisse verbinden. Gemeinsam an etwas arbeiten, einen Erfolg feiern oder eine Niederlage betrauern, das sind die Momente, die euch als Familie zusammenschweißen.

Plant gemeinsam eure Auszeit, lasst euch unterwegs von eurem Entdeckerdrang leiten und setzt euch anschließend mit schmutzigen Kleidern zu einem Picknick zusammen. Stärkt durch diese Stunden eure Verbundenheit und gebt euch als Familie wieder einen höheren Stellenwert in eurem Alltag.

ZEIT FÜR ABENTEUER FINDEN

Zeit ist ein wertvolles und häufig ein mangelndes Gut im Familienalltag. Wie findest du freie Momente für Mikroabenteuer und wie machst du diese Auszeiten in der Natur zu einem festen Bestandteil eures Alltags?

Bei einem Interview zum Thema „*Draußensein mit Kindern*" wurde ich gleich als erstes gefragt, wie wir es schaffen, so viel gemeinsame Zeit in der Natur zu verbringen. Ich war zunächst ein wenig perplex, denn diese Frage hatte ich mir schon lange nicht mehr gestellt. Meine Antwort fiel entsprechend kurz aus: „*Wir machen es eben einfach!*"

Da ist mir klar geworden, dass ich gar nicht mehr darüber nachdenke, wie wir Zeit für unsere Mikroabenteuer finden können. Gemeinsame Erlebnisse in der Natur sind bereits ein fester Bestandteil unseres Alltags geworden, für die wir uns die Zeit gerne nehmen.

Die Sache mit den Prioritäten

Beim Thema Zeitmanagement wird uns Eltern dazu geraten, unsere Zeit für Dinge aufzuwenden, die uns wirklich wichtig sind. Du möchtest mit deinen Kindern Mikroabenteuer erleben? Dann wirst du auch die Zeit dafür finden. Ganz so einfach ist es dann allerdings doch nicht und dieser Ratschlag hilft dir auf der Suche nach Zeit nicht wirklich weiter.

Eine eingefahrene oder auch bewährte Alltagsstruktur lässt sich nicht so schnell ändern. Dennoch hältst du dieses Buch in deinen Händen, denn du möchtest mit deinen Kindern häufiger rausgehen. Du kannst stolz auf dich sein: Das ist bereits der erste Schritt hin zu mehr Draußen-Zeit und neuen Prioritäten.

Die folgenden Tipps und Denkanstöße sollen dich motivieren, Zeit für Mikroabenteuer zu finden und sie dir zu nehmen. Wenn euch diese Abenteuer begeistern, verschieben sich eure Prioritäten von selbst und irgendwann sind diese kleinen Auszeiten nicht mehr aus eurem Alltag wegzudenken.

„Sobald du aus der Tür trittst, liegt der schwerste Teil hinter dir."

Christo Foerster

EIN URLAUB VOR DER EIGENEN TÜR

Gehe mit dem Gedanken: *„Heute gönnen wir uns mal so richtig etwas"* an die Sache ran. Für Urlaub und die dazugehörigen Vorbereitungen finden wir auch die notwendige Zeit. Das Großartige an Mikroabenteuern ist, dass ihr sofort starten könnt und nicht, wie bei einer Reise, wochenlang auf diese freie Zeit hin fiebern müsst!

Vereinbare einen festen Termin

Es ist egal, ob du deine Wochen oder Monate auf dem Smartphone oder analog planst. Schnapp dir jetzt deinen Kalender und setze einen festen Termin für ein erstes Mikroabenteuer. Es muss nicht einen ganzen Tag füllen, du musst weder perfekt vorbereitet sein, noch musst du alles ins Detail geplant haben.

Erledigt? Herzlichen Glückwunsch, denn du hast dir und deinen Kindern gerade ein Date auf dem größten Abenteuerspielplatz, den ihr euch vorstellen könnt, verschafft.

MIKROABENTEUER-TIPP

Versuche bei der Terminfindung außerhalb eurer Routinen zu denken. Ein Picknick im Sonnenuntergang oder ein Spaziergang mit der Taschenlampe am späten Abend sind wunderbar mikroabenteuerlich. Gegessen wird draußen, eingeschlafen auf dem Heimweg im Buggy und die dreckigen Füße bleiben an solch einem Tag einfach so wie sie sind.

Mach aus notwendigen Wegen ein Mikroabenteuer

Zwischen Kindergarten und Zuhause kommt ihr immer an diesem kleinen Park vorbei, der ein wahrer Zeitfresser ist? Hier trödeln deine Kinder grundsätzlich, pflücken Blumen und schauen Regenwürmern beim Kriechen zu? Mach aus diesem kleinen Park auf dem Heimweg ein erstes Mikroabenteuer, für das du sicherlich auch im stressigsten Alltag Zeit findest.

Sag alle Nachmittagstermine ab und los geht`s: Lass dir zeigen, was deine Kinder entdeckt haben, übe mit ihnen das Pfeifen auf Grashalmen, legt euch auf die Wiese und schaut den Wolken zu oder veranstaltet ein ausgiebiges Nachmittags-Picknick.

MIKROABENTEUER-TIPP

Kaufe Picknick-Snacks aus dem Supermarkt, statt den Anspruch zu haben, diese selbst zu backen oder zu kochen. Das spart Zeit und Energie.

Setz dich nicht unter Druck

Eure Abenteuer sollen vor allen Dingen eines: euch allen Spaß machen. Lass dich auch nicht dadurch entmutigen, dass du nur einmal im Monat einen freien Abenteuertermin gefunden hast und es genau an diesem Tag wie verrückt regnet oder jemand krank geworden ist.

Setz dich nicht unter Druck, denn eure Mikroabenteuer haben nichts mit „*Müssen*" zu tun.

AUSREDEN-CHECK FÜR ELTERN

Am Anfang jeder Veränderung stehen häufig viele „Ja, aber"-Gedanken, die sich als wirksame Ausreden entpuppen. Schauen wir uns gemeinsam ein paar dieser Ausreden an, die es dir unnötig schwer machen, mit einem Mikroabenteuer zu starten.

Mein Tipp an dich: Finde dein *Warum*. Ein starkes *Warum* ist die beste Motivation und der größte Feind aller „*Ja, aber*"-Gedanken. Mein eigenes *Warum*? Ich unternehme unsere Mikroabenteuer nicht nur für meine Kinder, sondern auch für mich. Ich finde Erholung und Entspannung in der Natur und lade so meine eigenen Akkus wieder auf.

Dein Partner hat keine Lust?

Du hast dir euer erstes Mikroabenteuer so schön ausgemalt: Gemeinsam als Familie streift ihr durch den Wald, bastelt Pfeil und Bogen und kocht euch ein Abendessen draußen. Dein Partner hat allerdings wenig Lust, mit seinen Kindern durch das Gelände zu toben und sich dabei schmutzig zu machen, also zieht ohne ihn los.

Allein mit den Kindern aufzubrechen, erfordert Mut. Es lohnt sich aber, die eigene Angst zu überwinden. Wenn ihr dann am Abend mit diesem Grinsen und einer Menge Abenteuer-Geheimnissen beim Abendbrot zusammensitzt, will dein Partner bestimmt beim nächsten Abenteuer dabei sein.

Du bist gestresst und fühlst dich energielos?

Ein Mikroabenteuer ist ein gutes Gegenmittel für Alltagsstress und Energielosigkeit. Draußen fällt deine Anspannung ab und du tankst neue Energie. Stell dir außerdem die Frage, was die Alternative wäre und ob diese dir mehr Kraft geben würde.

MIKROABENTEUER STATT HAUSARBEIT

Ich persönlich finde übrigens an einem Draußen-Nachmittag unschlagbar gut, dass meine Kinder drinnen kein Chaos anrichten können.

Du hast keine Lust auf viel Planung?

Viele Abenteuerideen benötigen kaum Planung. Auch für einen Nachmittag auf dem Spielplatz musst du an Wechselklamotten, Getränke und Snacks denken. Genau das gleiche, was du für die meisten Mikroabenteuer einpacken musst. Davon kannst du dich im letzten Teil des Buches, der sich den Mikroabenteuer-Ideen widmet, überzeugen.

Das Wetter ist schlecht?

Schlechtes Wetter ist großartig für Abenteuer. Selbstverständlich gibt es Abstufungen, aber mit der richtigen Kleidung ist ein Schlechtwetter-Tag kein Grund daheim zu bleiben. Du kannst davon ausgehen, dass ihr dann fast allein unterwegs sein werdet und sich die Natur nochmals ganz anders zeigt. Wenn deine Kinder mit dir durch den feuchten Wald laufen, tief einatmen und rufen: *„Das riecht aber gut hier“*, weißt du, dass es richtig war, sich zu einem Mikroabenteuer aufzuraffen.

Du hast noch so viel zu tun?

Terminstress und Erledigungen, die ein Familienleben mit sich bringen, kennen alle Eltern. Du solltest nicht darauf warten, dass deine To-Do-Liste irgendwann kürzer wird, denn das wird sie nicht. Während eines Mikroabenteuers rückt sie aber einfach mal in den Hintergrund.

Ihr habt nur wenig gemeinsame Zeit?

Mikroabenteuer sind perfekt, um die kurze Zeit, die ihr gemeinsam als Familie habt, intensiv zu nutzen. Du wirst staunen, wie entspannend ein paar wenige Stunden draußen sein können und wie schnell ein Gefühl der starken Verbundenheit entsteht.

Du wohnst in der Stadt?

Natur gibt es überall, auch in der Stadt. Viele Mikroabenteuer aus diesem Buch kannst du mit deinen Kindern im städtischen Raum erleben. Anregungen, wo du in der Stadt Natur erleben kannst, findest du in dem Kapitel *Natur in der Stadt finden*.

Deine Kinder brauchen einen festen Rhythmus?

Natürlich ist jedes Kind anders, aber meist wollen wir Eltern, dass unsere Kinder zu einer bestimmten Zeit im Bett liegen. Bei uns funktioniert das mit dem Schlafen zu festen Zeiten schon immer schlecht. Somit konnten wir bereits früh gemeinsam als Familie Sonnenuntergänge am See oder auf dem Berg erleben. Das ist der Stoff für gute Erinnerungen und positive Energie – und nicht das regelmäßige, teils erzwungene und auf eine feste Zeit fixierte Ins-Bettgeh-Ritual.

Du hast keine Ausrüstung?

Starte mit Mikroabenteuern, für die du keine Ausrüstung benötigst. Wenn sich deine Prioritäten verschieben, kaufe oder leihe dir das entsprechende Equipment.

Im Kapitel *Ausrüstung für Mikroabenteuer* findest du viele Informationen zur Abenteuer-Ausrüstung für Familien. Du wirst feststellen, dass du erst einmal nicht viel benötigst, um mit deinen Kindern loszuziehen.

Du hast keine Abenteuerideen?

Kein Problem. Mit diesem Buch hältst du unzählige Ideen für mehr Draußen-Zeit in deinen Händen.

ACHTE AUF DEINE BEDÜRFNISSE

Bei aller Begeisterung für die Idee der Mikroabenteuer solltest du immer auch auf deine eigenen Bedürfnisse achten. An manchen Tagen ziehst du aus einem gemütlichen Drinnen-Tag, an dem deine Kinder einen Film schauen dürfen und du eine Tasse Tee schlürfst, einfach mehr Energie als draußen in der Natur. Und das ist selbstverständlich vollkommen in Ordnung.

Mikroabenteuer sind kein neuer Trend, auch wenn es der Name vermuten lässt. Draußensein war schon immer wichtig – für unser Immunsystem und um unsere Energiereserven aufzuladen. Das wissen wir alle, auch wenn es uns manchmal Überwindung kostet, rauszugehen.

Ich hoffe, dass du in den Dialog mit dir und deinen *„Ja, aber“*-Gedanken trittst und diese nochmals gründlich hinterfragst. Ich verspreche dir, rausgehen lohnt sich. Immer.

STUBENHOCKER MOTIVIEREN

„Mein Kind geht nicht gerne raus." Diesen Satz höre ich von Eltern immer wieder. Das kann es geben, denn jedes Kind ist anders. Vielleicht ist es auch nur eine dieser Phasen, die sich ganz schnell wieder legt. Wahrscheinlich ist aber, dass ihr das Rausgehen noch nie als gemeinsames Abenteuer betrachtet und erlebt habt.

Du möchtest mit deinen Kindern mehr Zeit in der Natur verbringen, deine Kinder haben allerdings keine Lust auf frische Luft? Das Loskommen ist ein Kampf und unterwegs wird nach kurzer Zeit gequengelt und deine Pläne mit einem gut platzierten *„Ich kann nicht mehr laufen"* durchkreuzt?

Lass uns schauen, was du tun kannst, um deine Kinder fürs Draußensein zu begeistern.

Sei selbst mit Freude dabei

Lass dich als Erwachsene vollkommen auf euer gemeinsames Mikroabenteuer ein. Du solltest richtig Lust darauf haben, auf dem Waldboden zu hocken, durch Flüsse zu waten und dich schmutzig zu machen. Du musst selbst wieder ein Stück weit Kind werden und die Welt mit Kinderaugen betrachten.

Wie diese Freude vermeintliche Stubenhocker motiviert? Begeisterung ist ansteckend. Wenn du nur halbherzig dabei bist, wirst du auch deine Kinder nicht überzeugen können.

Beziehe deine Kinder in die Planung ein

Setz deinen Kindern keine Mikroabenteuer vor, sondern beziehe sie von Anfang an mit ein. Gemeinsam planen macht Spaß und du kannst im Gespräch herausfinden, wo ihre Vorlieben liegen.

Auch kleine Kinder können schon Pläne schmieden. Schlage ihnen zum Beispiel drei mögliche Abenteuer vor und schaue, wie sie reagieren. Habt ihr euch auf eine Idee geeinigt, dann packt gemeinsam den Rucksack und bereitet eure Verpflegung vor.

Besorge oder bastle Ausrüstungsgegenstände

Kinder lieben es, mit Ausrüstungsgegenständen loszuziehen. Ob Fernglas, Lupe oder Taschenmesser, jeder Gegenstand macht aus einem Kind einen richtigen Abenteurer und das wirkt sehr überzeugend auf lustlose Stubenhocker.

MIKROABENTEUER-TIPP

Viele Mikroabenteuer-Gegenstände für Kinder lassen sich ganz einfach selbst herstellen: Aus einer Klopapierrolle wird ein Fernrohr, aus einem leeren Eierkarton eine Schatztruhe, aus einer Dose und Frischhaltefolie eine Unterwasserlupe und aus einem Blatt Papier und einem Stift wird eine Schatzkarte.

Zieht mit anderen Familien los

Kennst du in deinem Freundes- oder Bekanntenkreis eine Familie, die ebenfalls gerne Zeit draußen verbringt, dann zieht gemeinsam los. Egal wie viel Mühe wir uns geben, Erwachsene sind keine Kinder und wir können uns nicht immer in das kindliche Spiel einfügen. Das müssen wir auch gar nicht. Kinder brauchen dafür andere Kinder.

DIE RICHTIGEN ABENTEUER-FREUNDE FINDEN

Um zusammen mit anderen Familien Mikroabenteuer zu erleben, solltet ihr diese Zeit in der Natur größtenteils ähnlich gestalten. Dazu gehört zum Beispiel Barfußlaufen auch im Herbst, ein Essen zu nicht festgelegten Zeiten oder länger bleiben, wenn es sich gerade gut anfühlt, statt pünktlich zum Sandmännchen daheim zu sein.

Mikroabenteuer stehen nicht für Regeln und Erziehung, sondern für Erfahrung und Beziehung. Habt ihr eine Familie gefunden, die genauso tickt, habt ihr großes Glück.

Findet einen Kompromiss

Kinder zu einem Abenteuer zu zwingen, um es einmal übertrieben auszudrücken, wird nicht funktionieren. Versuche ihre Bedürfnisse zu erkennen und findet gemeinsam einen Kompromiss, damit sie sich auf einen Tag in der Natur einlassen.

Es kann viele Gründe geben, warum Kinder nicht gerne draußen sind. Eine Lösung zu finden, ist durchaus anstrengend und erfordert viel Aufmerksamkeit.

Bei meiner Tochter beispielsweise bestand die Herausforderung darin, dass sie jede meiner Ideen im Keim erstickte, weil sie sich weder nass noch schmutzig machen wollte. Ich packe für sie immer eine große Picknickdecke ein, die ihr *sauberer* Rückzugsort ist. Außerdem Wechselkleidung, die sie sofort anziehen darf, wenn sie ein kleiner Spritzer Wasser auf der Hose stört. Das bedeutet für mich viel mehr Gepäck, aber es ist ein guter Kompromiss, um rauszugehen und Spaß dabei zu haben. Mit dem Wissen, dass ihre Bedürfnisse ernst genommen werden, machen ihr ein bisschen Dreck oder auch ein großer Spritzer Wasser auf einmal viel weniger aus.

Führt ein Mikroabenteuer-Tagebuch

Motiviere deine Kinder zum Rausgehen, indem du ihnen ein Mikroabenteuer-Tagebuch schenkst. Vor allem für Kinder, die gerne malen oder basteln, ist das eine schöne Idee, die gemeinsamen Erlebnisse festzuhalten. Packe dazu einen kleinen Block oder ein Notizheft und einen Stift ein. Deine Kinder können schon unterwegs hineinmalen oder Blätter und Blüten sammeln, die später in das Buch geklebt werden.

NIEMAND KANN EINFACH ABSCHALTEN

Herzlichen Glückwunsch, wenn du es geschafft hast, Stubenhocker auf ein Mikroabenteuer mitzunehmen. Lass dich allerdings nicht entmutigen, wenn die Augen deiner Kinder am Abend trotzdem nicht leuchten.

Niemand kann auf Knopfdruck abschalten. Du wirst feststellen, dass du auch als routinierte Mikroabenteurerin nicht von jedem Abenteuer erfüllt nach Hause kommst. Was aber in jedem Fall bleibt, ist das Gefühl der Verbundenheit, das euch als Familie näher zusammenbringt und in Zukunft hoffentlich auch deine Kinder motiviert, gemeinsame Abenteuer zu erleben.

EIN MIKROABENTEUER STARTEN

Du hast das feste Vorhaben, mehr Zeit in der Natur in euren Alltag zu integrieren. Plötzlich kommt dir dein Plan aber zu groß, zu zeitaufwendig und zu umständlich vor. Es ist so viel leichter, den Kindern einfach nur die Gartentür zu öffnen oder den nächsten Spielplatz zu besuchen. Bleib dran an deinem Vorhaben, denn aller Anfang ist schwer.

Ich habe eine Handvoll praktischer Tipps für einen leichten und unstressigen Einstieg in dein Mikroabenteuer-Leben gesammelt.

Plane und packe im Voraus

Geübte Mikroabenteurerinnen können spontan und erst kurz vor dem Aufbruch mit dem Planen und Packen beginnen. Da du sehr wahrscheinlich noch nicht an diesem Punkt bist, empfehle ich dir, spätestens am Vorabend damit anzufangen. Ich mache das übrigens auch immer noch so. Ganz nach dem Motto: *„Was man (geplant und gepackt) hat, hat man“*. Ich kann mich trotz aller Übung im Packen nur schwer konzentrieren, wenn zwei Kinder um mich herumwuseln.

Eine gute Planung und ein frühzeitig gepackter Rucksack nehmen den Stress und die Hektik aus deinem Vorhaben und führen dazu, dass die Hürde tatsächlich aufzubrechen sehr viel kleiner wird.

Überlege dir vor jedem Abenteuer die folgenden Punkte:

- Welches Mikroabenteuer möchtest du starten?
- Musst du für das Abenteuer noch etwas besorgen?
- Wie ist die aktuelle Wettervorhersage?
- Wie kommst du zu eurem Mikroabenteuer? Wie sind die Bus- oder Zugfahrzeiten? Wo ist der Parkplatz?
- Hast du genügend Essen, Trinken und warme Kleidung eingepackt?

Eine ausführliche Packliste, die du individuell an eure Bedürfnisse anpassen kannst, findest du im Buchabschnitt *Wissen und Ausrüstung*.

STARTE IN VERTRAUTER UMGEBUNG

Damit dein Vorhaben nicht schon an der Anreise scheitert, solltest du in einer dir vertrauten Umgebung starten. Mikroabenteuer findest du direkt vor eurer Haustür. Du musst nicht kilometerweit fahren, um tolle Outdoor-Erfahrungen zu machen. Der große Unterschied zum sonstigen Spaziergang ist, dass du dir jetzt bewusst Zeit nimmst, um die Natur gemeinsam zu erleben und deine Kinder in ihrem ganz eigenen und individuellen Tempo auf eine Entdeckungsreise gehen können.

Fang klein an

Mit diesem Ratgeber hältst du viele Ideen für unterschiedliche Mikroabenteuer mit Kindern in deinen Händen. Einige davon lassen sich schnell in jeden Alltag integrieren und passen hervorragend in einen Nachmittag. Andere wiederum brauchen mehr Planung, mehr Ausrüstung und ganz sicher auch ein wenig mehr Mut.

Fangt klein an, sammelt positive Erfahrungen und gemeinsame Erlebnisse. Ist der Funke dieser gemeinsamen Draußen-Auszeiten auf euch alle übergesprungen, seid ihr bereit für noch größere Abenteuer. Versprochen.

Nimm dir viel Zeit

Mikroabenteuer brauchen zwei Dinge: Natur und Zeit. Deine Kinder und du, ihr werdet nicht auf Knopfdruck zu Abenteurern. Ihr kommt nicht in der Natur an und all eure Alltagsanspannung fällt von euch ab. Plane bei jedem Abenteuer genügend Zeit ein, damit ihr euch treiben lassen könnt, wenn es sich gerade gut anfühlt, und damit deinen Kindern genügend Möglichkeiten für freies Spielen bleibt.

Lass dich außerdem nicht entmutigen, wenn sich ein Mikroabenteuer-Tag trotz aller eingeplanten Zeit mal nicht gut anfühlt und du gestresst bist. Wir alle, auch unsere Kinder, haben manchmal schlechte Tage.

Du kannst am Abend das Stimmungs-Ruder noch rumreißen, indem ihr euch gemeinsam und vielleicht ein wenig übertrieben über alles aufregt, was am Nachmittag schiefgelaufen ist. Schon habt ihr ein Erlebnis, über das ihr gemeinsam lachen könnt.

MIKROABENTEUER-TIPP

Wenn du dich von einem Abenteuer mit deinen Kindern ganz einnehmen lassen möchtest, kann ich dir nur empfehlen: Schalte dein Telefon aus.

Pack genügend Proviant ein

Während eines Abenteuers kann die Zeit schon einmal schneller vergehen, als du es geplant hast. Im Grunde ist jedes Erlebnis, bei dem ihr die Zeit aus den Augen verliert, ein voller Erfolg. Damit du deine Kinder unterwegs nicht aus dem Spielen reißen musst, um rechtzeitig vor dem großen Hunger daheim zu sein, packe immer und ausnahmslos genügend (und vielleicht sogar ein klein wenig mehr) Essen und Trinken ein. Hungrig und durstig lassen sich keine Abenteuer erleben.

Plane und packe im Voraus.

Starte in vertrauter Umgebung.

Fang klein an.

Plane viel Zeit ein.

Nimm genügend Proviant mit.

FEHLER UNTERWEGS VERMEIDEN

Es ist so weit, ihr seid mittendrin in eurem ersten gemeinsamen Mikroabenteuer. Aber so richtig will der Funke nicht überspringen: Deine Kinder quengeln, dir ist kalt und bei keinem von euch stellt sich Abenteuerlaune ein. Von Entspannung und Entschleunigung ebenfalls keine Spur.

Versuche die folgenden Fehler zu vermeiden und sei nicht enttäuscht von einem Draußen-Tag, der nicht so lief, wie du es dir vorgestellt hast.

Mikroabenteuer müssen wir erlernen

Wir Erwachsene sind auf Erfolg getrimmt. Planung und eine gute Idee bedeuten aber nicht, dass eurer Draußensein den erhofften Erfolg bringt. Wobei Erfolg in diesem Zusammenhang ohnehin relativ ist, denn der Reiz von Abenteuern liegt nun einmal darin, dass ihr Situationen erlebt, die nicht planbar sind.

Wir müssen erst wieder lernen, die gewohnten Essens- und Schlafenszeiten einmal links liegen zu lassen. Wir müssen wieder lernen, unsere Kinder einfach spielen zu lassen, ohne Regeln und Ideen vorzugeben und ohne Schnappatmung zu bekommen, wenn Klamotten über und über mit Dreck beschmutzt sind. Gib dir Zeit Mikroabenteuer zu erlernen und erwarte nicht, direkt zu Beginn tiefenentspannt zu sein.

Bleib flexibel

Wer Kinder hat, der weiß, dass die Notwendigkeit zu Flexibilität nicht nur eine hohle Phrase ist. Du willst mit deinen Kindern in den Wald gehen, ihr kommt aber gar nicht bis dorthin, denn unterwegs lassen sie sich von anderen Naturerfahrungen ablenken? Hervorragend. Ihr steckt schon mittendrin in eurem Mikroabenteuer und es gibt keinen Grund, an deinem ursprünglichen Plan festzuhalten.

MIKROABENTEUER-TIPP

Deine Kinder sind in ihr Spiel versunken? Dann ist jetzt der perfekte Zeitpunkt tief durchzuatmen, zu lächeln und der Entspannung „*Hallo*“ zu sagen.

Stell wenig Regeln auf

Je weniger Regeln du aufstellst, desto besser, denn so gibst du euch Raum für Freiheit und Kreativität.

Auf unseren Mikroabenteuern gelten die folgenden Regeln:

- Unser Müll wird immer und ausnahmslos wieder mitgenommen.
- Es werden keine unbekannten Blätter oder Blüten in den Mund gesteckt.
- Wer Hunger oder Durst hat, darf jederzeit etwas essen oder trinken, auch wenn eigentlich noch keine Essenszeit ist.
- Wem zu warm ist, darf sich ausziehen, auch wenn wir Eltern es als kalt empfinden.

TOBEN UND LÄRMEN IN DER NATUR: BESONDERHEIT NATURSCHUTZGEBIETE

In Naturschutzgebieten ist das Verlassen der Wege und das Pflücken von Blumen nicht erlaubt. Auch in Brutzeiten oder bei Hitze und Kälte solltet ihr nicht durch die Natur poltern. Ansonsten ist es ein weit verbreitetes Problem, dass die Naturentfremdung immer mehr zunimmt. Wir empfinden das Betreten und Benutzen unserer Umwelt schnell als für sie schädlich. Wir Menschen sind allerdings ein Teil der Natur. Vor allem unsere Kinder müssen die Natur mit allen Sinnen erfahren können, toben und lärmen gehören dazu.

Schmutzig machen ist erlaubt

Mikroabenteuer finden nicht nur bei grandiosem Wetter statt. Ihr werdet in der Natur mit Matsch, Schlamm, Wasser und Erde in Berührung kommen. Schmutzig machen sollte ausdrücklich erlaubt sein, ansonsten erstickst du jedes freie Spiel im Keim.

BEACHTE DIE BEDÜRFNISSE ALLER

Du nimmst jedem Mikroabenteuer die Freude, wenn deine Kinder Hunger oder Durst haben oder ihnen zu warm bzw. zu kalt ist. Genauso ist es mit der Müdigkeit.

Denk aber bitte auch an dich. Nicht nur die Bedürfnisse deiner Kinder, sondern auch deine eigenen sollten befriedigt sein, damit ihr gemeinsam ohne schlechte Laune und ohne schnell gereizt zu sein, eure Auszeit genießen könnt.

Inszeniere keine Abenteuer

Du solltest dich auf ein Mikroabenteuer mit Kindern voll einlassen und Spaß haben. Deine Kinder merken es, wenn du ihnen etwas vorspielst und deine Freude nicht echt ist, wenn du eigentlich gar keine Lust hast, den hundertsten Stein anzuschauen oder noch weitere fünf Minuten die Ameisen zu beobachten.

Selbstverständlich musst du nicht alles mitmachen, was deine Kinder gut finden, denn auch du hast deine Grenzen. Gemeinsame Erinnerungen entstehen aber nur durch gemeinsame Erlebnisse. Inszenierst du die Abenteuer für deine Kinder, führt das zu Frust bei euch allen.

Nimm die Ängste deiner Kinder ernst

Nicht jedes Kind mag Laub in den Haaren, Käfer auf der Hand, im Matsch spielen, nass werden oder im Dunkeln spazieren gehen. Den Satz *„Ach komm, stell dich nicht so an"* solltest du dir bei einem Mikroabenteuer (und eigentlich nicht nur dann) verkneifen.

Nimm dir die Zeit, deinen Kindern zu zeigen, dass du ihre Ängste ernst nimmst, und biete ihnen deine Hilfe an, wenn sie über sich hinauswachsen möchten. Meine große Tochter ist recht ängstlich, liebt aber das Abenteuer. Das schließt sich keinesfalls aus. Ihre Komfortzone verlässt sie einfach schon viel früher als andere Kinder in ihrem Alter.

MIKROABENTEUER-TIPP

Achte bei der Wahl der Mikroabenteuer und der Umgebung darauf, dass sich deine Kinder wohl fühlen. Zu viele Ängste stehen dem freien und ungezwungenen Spiel im Weg.

NATUR IN DER STADT FINDEN

Natur im Alltag zu erleben ist keinesfalls für Familien reserviert, die außerhalb von Städten wohnen. Zeit im Freien verbringen zu können ist außerdem kein Privileg, auf das du bis zu deinem Jahresurlaub warten musst. In Deutschland ist die Natur nie weit entfernt und immer auch im urbanen Raum zu finden.

In der Großstadt tummeln sich viele Menschen, an schönen Tagen sind die Spielplätze unübersichtlich voll und die Geräuschkulisse unangenehm hoch. Die Reize, die in der Stadt auf Familien einprasseln, sind vielfältig und mitunter zu viel für Kinder wie Erwachsene.

DIE REIZABWEHR MUSS AUCH EINMAL STILLSTEHEN

Besonders Familien, die in der Stadt leben, sollten sich bewusst Auszeiten in der Natur gönnen, damit ihre Reizabwehr einmal stillstehen kann und das Gehirn nicht unerlässlich Wahrnehmungen selektieren muss. Ohne Reize von außen können Kinder viel freier spielen und entdecken. Auch wir Erwachsene schalten dann leichter einen Gang zurück, wenn unser Kopf nicht ständig damit beschäftigt ist, Reize zu verarbeiten.

Jede Stadt hat eine sogenannte Stadtnatur. Sie mag nicht immer gleich verteilt sein, aber sie ist ganz sicher da. Häufig sind es unsere eigenen Vorstellungen von Natur, die uns daran hindern, auch in der direkten Umgebung ein Mikroabenteuer zu planen. Mach dir nochmals bewusst, dass du Kindern für ein Abenteuer keine spektakulären Naturlandschaften in entlegenen Ländern bieten musst.

Ein Blick auf eine Karte reicht aus, um Parks oder Bäche in der Stadt zu finden. Wo die Stadtgrenzen verlaufen, beginnen Wiesen, Felder und Wälder. Meist sind diese nur ein paar Haltestellen mit der Bahn oder dem Bus entfernt.

Alle Städte haben einen oder mehrere Stadtparks. Dort findet ihr Spielplätze, Bänke und schön angelegte Wege.

In jedem Stadtpark findet ihr aber außerdem:

- Bäume für Hängematten,
- Wiesen zum Barfußlaufen,
- (Matsch-)Pfützen zum Reinspringen,
- wilde Blumen zum Sammeln und Verkosten,
- Tiere zum Beobachten oder
- einen ruhigen Platz für ein Picknick.

Hast du den Stadtpark schon einmal von dieser Seite betrachtet? Vermutlich nicht. Versuche, mit anderen Augen durch deine Stadt zu gehen und begib dich mit deinen Kindern auf die Suche nach den kleinen, grünen Oasen.

TIPP FÜR DIE STADT: MUNDRAUB.ORG

Obstbäume, Beerensträucher, Nussbäume und Kräuter findest du in der Stadt auch auf öffentlichen Plätzen. Das sind essbare Pflanzen, die du mit deinen Kindern nutzen kannst. Die Website mundraub.org ist eine Plattform für die Entdeckung und Verwertung essbarer Landschaften. Die Informationen, wo es in deiner Nähe Fundorte gibt, sind kostenlos. Die Plattform lebt von der Gemeinschaft und mit einem Benutzerkonto kannst du selbst Fundorte anlegen, die du teilen möchtest.

WISSEN UND AUSRÜSTUNG

Ausrüstung für Mikroabenteuer
S. 46–55

Die Notfall-Apotheke
S. 56–57

Outdoor-Küche
S. 58–61

Packliste für einen Tag in der Natur
S. 62–63

Kinder- & Gepäcktransport
S. 64–69

Nachhaltigkeit und Mikroabenteuer
S. 70–75

Gefahren in der Natur
S. 76–85

AUSRÜSTUNG FÜR MIKROABENTEUER

Für deine ersten Mikroabenteuer benötigst du keine spezielle Ausrüstung. Kleidung für kalte, regnerische Tage hast du sicherlich im Kleiderschrank, als Picknickdecke kannst du ein Handtuch verwenden und statt draußen zu kochen, ist eine Brotzeit an der frischen Luft Abenteuer genug.

Mikroabenteuer sind simpel und viele Ideen aus diesem Buch eignen sich, um spontan loszuziehen. Die Werbung suggeriert uns gekonnt, dass wir nur perfekt ausgestattet geniale Abenteuer erleben können. Das stimmt nicht, denn für den Anfang brauchst du lediglich eine Idee, deine Kinder und die Natur. Mit der Zeit bekommst du ein Gefühl dafür, welche Ausrüstungsgegenstände du anschaffen möchtest oder wo du, z. B. bei Kleidung, nachrüsten solltest.

Kleidung

Mikroabenteuer bedeuten, dass du gemeinsam mit deinen Kindern durch den Wald und über Wiesen streifst, und zwar bei jedem Wetter und das ganze Jahr über.

Drei nützliche Kleidungs-Packtipps für deinen Rucksack

- Dein Rucksack sollte immer **ein Set Wechselwäsche für alle** Abenteurer bereithalten. Schmutz, Wasser und Schweiß können überhandnehmen, sodass ein Paar Wechselsocken, eine Hose und ein zusätzliches T-Shirt bzw. ein Pullover im Gepäck nicht fehlen dürfen.

- Packe **eine weitere warme Kleidungsschicht** ein, denn gerade in den Übergangsjahreszeiten wird es am Abend schnell unangenehm kalt.
- **Matschhosen** sind wahre Alleskönner und dürfen wirklich nie in einem Mikroabenteuer-Rucksack fehlen.

Eine Sache solltest du dir bei der Wahl der Kleidung bewusst machen: Bei euren Abenteuern werdet ihr schmutzig. Eure Kleidung muss sich für das Draußensein eignen, sie muss robust und praktisch sein, denn deine Kinder wollen auf Bäume klettern, durchs Gebüsch streifen, im Matsch knien und in Pfützen springen. Kleine Erinnerung: Du darfst das auch.

Schmutzig machen, und zwar so richtig, muss bei Mikroabenteuern erlaubt sein für Abenteuer-Lust statt Abenteuer-Frust.

KLEINE TEXTILKUNDE

Kleidung aus Baumwolle ist für draußen weniger gut geeignet. Sie nimmt viel Feuchtigkeit auf, trocknet allerdings schlecht, was sehr unangenehm ist. Synthetische Stoffe oder Naturfaserprodukte, z. B. aus Merinowolle, sind die bessere Wahl.

Das Zwiebelprinzip

Das Zwiebelprinzip bedeutet, dass ihr viele dünne Schichten übereinander anzieht. So kühlt ihr weder aus noch überhitzt ihr, denn ihr habt immer die Möglichkeit, eine Kleidungsschicht an- oder auszuziehen. Besonders wenn es draußen kalt ist, ist es sinnvoll, mehrere Schichten übereinander zu tragen, als nur eine dicke Jacke, die bei Bedarf nicht ausgezogen werden kann.

SPRICH DEINEN KINDERN NICHT IHR KÖRPERGEFÜHL AB

Die Zwiebeltaktik nutzt recht wenig, wenn du nicht davon Gebrauch machst. Wir Eltern stehen immer schnell mit einer weiteren Schicht Kleidung parat, sobald uns selbst kalt wird. Aber wehe, den Kindern ist zu warm. Dann sprechen wir ihnen häufig ihr natürliches Körpergefühl ab und sie dürfen sich nicht ausziehen. Kinder, die sich viel bewegen, fangen allerdings an zu schwitzen, und zwar meist schneller als wir Erwachsenen.

Drei verschiedene Schichten

1. **Basisschicht:** Die Basisschicht wird direkt auf der Haut getragen, weshalb sie nicht kratzen sollte oder zu Hautirritationen führen darf. Wähle dafür Kleidung aus, die sich weich und angenehm anfühlt und die funktionell ist. Funktionell bedeutet, dass sie bei Kälte wärmt und bei Wärme eine kühlende Wirkung hat.

KLEIDUNGSTIPP BASISSCHICHT

Für diese erste Schicht eignet sich eine dünne Leggings und ein Oberteil aus Kunstfaser oder Merinowolle.

2. **Isolationsschicht:** Über die Basisschicht zieht ihr eine Isolationsschicht, die dafür sorgt, dass die Wärme am Körper bleibt.

KLEIDUNGSTIPP ISOLATIONSSCHICHT

Achte darauf, dass diese Schicht möglichst bequem ist, wie z. B. eine Fleece- oder Jogginghose oder einfach eine weitere Leggings. Für den Oberkörper sind eine Fleecejacke oder ein gemütlicher Pullover eine gute Wahl.

3. **Schutzschicht:** Diese dritte Schicht dient dem Schutz vor Schmutz, Nässe, Regen und Kälte und sollte absolut wasserdicht sein, damit einer ausgiebigen Schneeballschlacht oder intensivem Pfützen-Hüpfen nichts im Wege steht. Je höher die sogenannte Wassersäule der Kleidung ist, desto besser.

KLEIDUNGSTIPP SCHUTZSCHICHT

Achte beim Kauf auf gute Qualität. Qualitativ hochwertige Produkte sorgen dafür, dass ihr nicht nass oder kalt werdet und sie sind langlebiger.

Kauftipps für Kleidung

- **Kaufe gebraucht.** Noch nie war gebraucht kaufen so einfach wie heute. Das Angebot an getragener, noch einwandfreier Kleidung ist groß. Ich kann dir aus eigener Erfahrung sagen, dass ich viel entspannter bin, was Schmutz auf der Kleidung anbelangt, wenn ich dafür nur einen Bruchteil des ursprünglichen Preises ausgegeben habe.
- **Kaufe gutsitzende Kleidung.** Die Versuchung, Kleidungsstücke ein paar Nummern zu groß zu kaufen, damit sie im nächsten Jahr noch passen, ist groß. Kleidung sollte allerdings gut sitzen: Ärmel, die ständig über die Hände rutschen oder Hosen, die hochgekrempelt werden müssen, schränken vor allem sensible Kinder beim freien Spielen ein.

MIT BABY UNTERWEGS: DIE TRAGEJACKE

Hast du ein Baby auf euren Mikroabenteuern dabei, empfehle ich dir eine Tragejacke. Damit kannst du bei deinem Baby auf die Schutzschicht verzichten, denn durch das Tragen an deinem Körper profitiert es direkt von deiner Körperwärme.

Die Kopfbedeckung

Das mit den Mützen und den Kindern ist so eine Sache. Wir können unsere Kinder nicht zwingen, sie aufzusetzen, wollen und sollen sie aber natürlich vor Sonneneinstrahlung oder Kälte schützen.

Im Sommer packst du einen geeigneten Sonnenhut, am besten mit einem Nackenschutz, ein. In den Übergangsjahreszeiten ist eine dünne Mütze, die die Ohren bedeckt, eine gute Wahl und im Winter eine Wollmütze, die ausreichend vor Kälte schützt.

MEINE TIPPS FÜR MÜTZENVERWEIGERER

- Packe mindestens zwei Mützen ein. Es fühlt sich für ein Kind viel besser an, selbst zu entscheiden, welche Mütze es anziehen möchte.
- Lass deine Kinder die Mütze beim Kauf aussuchen.
- Such dir Mikroabenteuer-Plätze, die viel Schatten bieten, wenn ihr gerade in einer schwierigen Sonnenhut-Verweigerungsphase steckt.
- Stelle sicher, dass vor allem die Wintermütze nicht zu klein ist und nirgendwo drückt oder kratzt.

Schuhe

Die richtigen Schuhe sollten gut und bequem sitzen und zur Jahreszeit passen. Welcher Schuh sich für dich und deine Kinder am besten eignet, ist sehr individuell, denn jeder Fuß ist anders.

Schuhe im Sommer

Für den Sommer eignen sich Outdoor-Sandalen. Sandalen lassen genügend Luft an die Füße, eine gute Sohle sorgt für die notwendige Griffigkeit auf unterschiedlichen Untergründen und mit dem richtigen Obermaterial ist es kein Problem, z. B. durch Bäche zu waten.

Schuhe in den Übergangsjahreszeiten

In den Übergangsjahreszeiten brauchst du wasserdichte Schuhe, wie Gummistiefel oder Schuhe mit Gore-Tex-Membran.

DIE SACHE MIT DEN GUMMISTIEFELN

Wir hatten tatsächlich noch nie Gummistiefel, da ich bisher kein Modell gefunden habe, in dem meine Kinder für mehrere Stunden toben, rennen, wandern und klettern können. Wir nutzen Schuhe mit Gore-Tex-Membran, mit denen wir ebenfalls bis zum Schaft in Pfützen stehen können. Diese Schuhe sitzen perfekt, geben guten Halt und machen jedes Mikroabenteuer mit. Zudem sind sie atmungsaktiver als jeder Gummistiefel.

Schuhe im Winter

Wenn es da, wo du lebst, im Winter nicht sehr kalt wird, brauchst du nicht unbedingt Winterstiefel. Wärmende Merino-Socken und eine Lammfell-Sohle können ausreichend sein. Wichtig ist, dass die Schuhe groß genug sind, damit Sohle und dicke Socken Platz haben. Zu enge Schuhe führen unweigerlich zu kalten Füßen. Ihr müsst eure Zehen trotz Socken und Einlagen auf jeden Fall noch gut bewegen können.

Outdoor-Gegenstände für Kinder

Kinder lieben Ausrüstungsgegenstände, sie sind jedoch keine zwingende Voraussetzung für ein gelungenes Abenteuer, denn eure Draußen-Zeit lebt von Kreativität und Spontanität. Besorge im Laufe der Zeit sorgfältig ausgewählte und qualitativ hochwertige Gegenstände, die ihr immer wieder gerne benutzen möchtet.

Rucksack

Manche Kinder lieben es, einen eigenen Rucksack mit ihren Schätzen tragen zu dürfen, während sich andere Kinder damit eingeschränkt fühlen. Ein Rucksack sollte Kinder nicht am ungestörten Spielen hindern. Lass sie am besten selbst entscheiden, ob und wie lange sie einen Rucksack tragen möchten.

PRAKTISCHE RUCKSACK-ALTERNATIVE

Statt eines Rucksacks kannst du auch einen kleinen Stoffbeutel mitnehmen, in dem deine Kinder ihre Schätze sammeln können. Ein Beutel lässt sich platzsparend in deinem eigenen Rucksack verstauen und später einfach in der Waschmaschine waschen.

Taschenmesser

Ein Taschenmesser ist ein genialer Ausrüstungsgegenstand. Allein das Wissen, dass sie alt genug für ein eigenes Messer sind, macht Kinder stolz und weckt ihre Abenteuerlust. Der richtige Zeitpunkt für ein eigenes Messer ist sehr individuell, weil Kinder nun mal verschieden sind. Vor allem Taschenmesser mit abgerundeter Spitze eignen sich für Schnitz-Anfänger.

Lupe

Mit einer Lupe könnt ihr den Fokus bewusst auf die kleinen Dinge in der Natur lenken. Becherlupen sind für Kinderhände besonders gut geeignet: Die Tiere krabbeln im Becher nicht weg und auch Wassertiere können damit beobachtet werden.

Taschenlampe

Taschenlampen, auch in Form von Stirnlampen, gibt es auch schon für Kinder. Sie zeichnen sich durch eine geringere Leuchtstärke aus und sind bei Mikroabenteuern, die bis in den späten Abend oder gar die ganze Nacht dauern, nicht wegzudenken.

Fernglas

Ein kleines Fernglas eignet sich für alle Kinder, die sich schon längere Zeit ruhig verhalten können. Je robuster ein Fernglas, desto besser. Die Vergrößerung muss nicht besonders groß sein, denn das erschwert es für Kinder enorm, ein bestimmtes Objekt zu finden und zu fokussieren.

Naturführer

Ein Naturführerbuch ist besonders spannend für Abenteurer, die es genau wissen wollen. Es gibt Sammlungen, die umfassend Tiere, Pflanzen und Pilze in verschiedenen Lebensräumen erklären oder Führer, die sich lediglich auf ein Thema fokussieren.

Thermobehälter

Ein eigener Thermobehälter für das Picknick unterwegs ist vor allem in der kalten Jahreszeit praktisch. Egal, ob ihr darin eine aufgewärmte Suppe oder einen warmen Grießbrei dabeihabt, deine Kinder werden diese Draußen-Mahlzeiten lieben.

Säge

Für eine Waldwerkstatt, in der nach Lust und Laune gewerkelt werden kann, ist eine Kindersäge mit einem Griff, der gut in kleinen Kinderhänden liegt, zu empfehlen.

Kompass & Karte

Ein Kompass und eine Wanderkarte sind für ältere Kinder unglaublich spannend, um die Routenplanung zu lernen. Damit kannst du die Navigation deinen Kindern überlassen und sie sind nicht mehr nur Mit-Abenteurer, sondern Abenteuer-Verantwortliche.

ZETTEL & STIFT NICHT VERGESSEN

Ein Zettel und ein Stift sind die einfachsten Dinge der Welt und sollten auf keinem Mikroabenteuer fehlen, um z. B.

- Tiere aufzuschreiben, die ihr gehört habt,
- eine Schatzkarte zu malen,
- Baumrinden abzupausen
- oder kleine Tiere darauf zu beobachten.

Wanderstock

Ein Wanderstock ist ein wenig wie die Augenklappe für den Piraten oder der Zauberstab für die Fee. Er macht Abenteurer erst vollständig. Natürlich nur dann, wenn er selbst gefunden wurde. Und wer weiß, mit genügend Fantasie kann so ein Stock auch ein Säbel oder ein Zauberstab sein.

Eine Schnur

Eine Schnur ist ein simpler Ausrüstungsgegenstand, der auf keinem eurer Streifzüge fehlen darf. Eine Schnur dient zum Fixieren, Basteln bzw. Bauen und ein großer Fund, der unter allen Umständen mit nach Hause genommen werden muss, kann damit am Rucksack befestigt werden.

Outdoor-Ausrüstung für Familien

Die folgenden Outdoor-Gegenstände kommen bei uns darüber hinaus regelmäßig zum Einsatz und ich kann sie dir für eure Abenteuer-Ausrüstung empfehlen.

Picknickdecke
Eine Picknickdecke solltest du immer mitnehmen. Wir nutzen die Decke sogar im Winter für eine Pause mit Tee oder Kinderpunsch. Eine Decke mit wasserdichter Unterseite aus Aluminium eignet sich für jede Jahreszeit und wird von unten nicht feucht.

Hängematte
Eine Hängematte macht garantiert aus jedem Draußen-Tag ein Abenteuer oder sorgt für einen entspannten Abschluss. Achte beim Kauf auf folgende Kriterien: Sie sollte möglichst leicht sein, ein kleines Packmaß haben und etwas aushalten können, also entsprechend robust sein. Outdoorhängematten für eine Person wiegen in der Regel nicht mehr als 600 bis 800 Gramm.

BAUMSCHUTZ NICHT VERGESSEN

Denke auch an die Bäume und nimm einen Baumschutz für die Befestigung der Hängematte mit. Das können ausreichend breite Befestigungsriemen oder gefaltete Geschirrtücher sein.

Tarp, Schlafsäcke, Isomatten
Möchtest du mit deinen Kindern eine Nacht unter freiem Himmel schlafen, benötigst du geeignete Schlafsäcke, Isomatten und eventuell ein Tarp. Bei der Mikroabenteuer-Idee *Draußen übernachten* findest du dazu detaillierte Informationen.

DIE NOTFALL-APOTHEKE

Eine kleine Notfall-Apotheke sollte immer griffbereit sein und darf im Mikroabenteuer-Gepäck von Familien nicht fehlen, auch wenn sie ein paar Gramm zusätzliches Gewicht bedeutet. Doch im Notfall bewahrt euch eine gute Mikroabenteuer-Apotheke vor Schlimmerem.

Kleine Schrammen, äußere Verletzungen oder ein Insektenstich sind bei Mikroabenteuern der häufigste Grund, nach der Apotheke im Rucksack zu greifen.

Eine kleine Notfall-Apotheke im Gepäck ist natürlich wichtig und sinnvoll, mach dir dennoch nicht zu viele Sorgen. Bei einem Abenteuer in der Natur ist die Verletzungsgefahr auch nicht größer als auf dem Spielplatz, eventuell bist du nur ein wenig weiter von daheim entfernt.

Natürlich muss eure Notfall-Apotheke an die Länge eures Ausflugs angepasst sein. Ein Nachmittags-Abenteuer benötigt sicherlich weniger als eine zweitägige Bergtour mit Übernachtung auf der Hütte.

Beachte immer auch: Das beste Erste-Hilfe-Set in deinem Rucksack hilft nicht weiter, wenn du nichts damit anzufangen weißt. Schau dir den Inhalt deiner Apotheke genau an, damit du ihn bei Bedarf richtig einsetzen kannst. Und eigentlich sollten wir Eltern alle irgendwann einmal einen Erste-Hilfe-Kurs besucht haben – der hilft auch bei einem Unfall auf dem Kinderspielplatz um die Ecke.

Das gehört in eine Notfall-Apotheke

Äußere Verletzungen:

- Pflaster
- Blasenpflaster
- Wund- und Heilsalbe
- Desinfektionsspray für Wunden
- Mullbinde und sterile Kompresse

Insekten- oder Zeckenstiche:

- Zeckenpinzette
- Insektenschutzpräparat: Das schützt auch vor Zecken und ist in Gegenden mit vielen Mücken vor allem in den Abendstunden nicht wegzudenken.
- Antihistaminikum zur lokalen Behandlung von Insektenstichen oder auch Sonnenbrand: ist vor allem sinnvoll bei Kindern, die auf Insektenstiche stark reagieren.

Was du sonst noch einpacken solltest:

- Fieberzäpfchen für Kinder
- Evtl. Augentropfen, wenn ihr durch Sonne oder Wind schnell gereizte Augen bekommt.
- Schmerztabletten für Erwachsene
- Antihistaminikum für Erwachsene

MIKROABENTEUER-TIPP

Nimm die Medikamente ohne Verpackung und nur die Tuben oder Tabletten mit, denn das spart Platz und die Mikroabenteuer-Notfall-Apotheke wird praktisch klein.

OUTDOOR-KÜCHE

Mit Hunger und Durst lassen sich garantiert keine Abenteuer erleben. Das Draußenkochen, um euren Hunger zu stillen, ist ein besonderes Erlebnis, für das du zunächst kein spezielles Equipment benötigst. Heißes Wasser, die richtigen Zutaten, eine Schüssel und Besteck sind völlig ausreichend.

Isolierflasche

Für ein warmes und selbst zubereitetes Essen während eines Mikroabenteuers benötigst du eine Isolierflasche mit heißem Wasser und Zutaten, die damit nur aufgegossen werden müssen. Bei der Wahl einer geeigneten Isolierflasche ist es wichtig, dass sie eine für euch passende Größe hat. Eine 1,5 Liter Flasche ist eine gute Größe, um mehreren Personen ein warmes Abendessen zuzubereiten.

Gas- und Spirituskocher

Einen Kocher und Töpfe benötigst du, wenn du dich beim Draußenkochen nicht nur auf das Aufgießen mit heißem Wasser beschränken möchtest. Grundsätzlich sollten mobile Kocher leicht, handlich, einfach zu bedienen, zuverlässig und sicher sein.

Gaskocher
Gaskocher sind Kocher, die an einer Gaskartusche befestigt werden und eine Topfauflage besitzen. Ihr großer Vorteil ist, dass sie mit jedem beliebigen Topf verwendet werden können.

OFFENES FEUER IST IM WALD VERBOTEN

In Deutschland ist offenes Feuer im Wald, außer an speziell ausgewiesenen Feuerplätzen, generell verboten. Der Betrieb von Gaskochern zählt dazu.

Es gibt Stechkartuschen oder Schraubventil-Kartuschen. Letztere sind die beste Wahl für Abenteuer, denn sie können einfach vom Kocher getrennt werden, was den platzsparenden Transport ermöglicht.

Kocher, die mit Stech- oder Schraubkartusche funktionieren, haben die Topfauflage bereits integriert, die Kartusche dient dabei als Standfuß. Besonders beim Kochen mit großen Töpfen ist diese Konstruktion nicht sehr stabil und du benötigst einen ebenen, windgeschützten Standort.

MIKROABENTEUER-TIPP

Gaskocher mit einer Gaszufuhr über einen Brennstoffschlauch sind für Abenteuer-Familien die beste Wahl. Diese Kocher stehen auf dem Boden und werden durch einen Schlauch mit Gas versorgt. Sie sind dadurch sehr stabil und die Topfauflage ist für 2- bis 3-Liter-Töpfe gut geeignet.

Spirituskocher

Spirituskocher haben den großen Vorteil, dass sie meist in Form von Sturmkochern gekauft werden können, sodass der Windschutz bereits integriert ist.

Der Klassiker unter den Spirituskochern ist der *Trangia Sturmkocher*, der sich vor allem für Mikroabenteuer mit Kindern eignet.

Er steht stabil, hat einen guten Windschutz und ist einfach in der Bedienung. Der Trangia kann allerdings nur im Set mit passenden Töpfen gekauft werden.

Kochtöpfe und Pfannen

Beim Kochen mit einer Thermoskanne oder einem Gaskocher kannst du zwar auf Töpfe aus deiner eigenen Küche zurückgreifen, diese sind allerdings recht schwer. Das Gewicht, aber auch die Wärmeleitfähigkeit von Töpfen spielen in der Outdoor-Küche die entscheidende Rolle.

Die am meisten verbreiteten Kochgeschirre bestehen aus Edelstahl, Aluminium, Titan oder Eisen.

- **Eisen:** Töpfe aus Eisen eignen sich für das Kochen über Lagerfeuern, wegen ihres hohen Gewichts allerdings nicht für Mikroabenteuer.
- **Edelstahl:** Edelstahl ist leicht, robust und gesundheitlich unbedenklich.
- **Aluminium:** Kochgeschirr aus Aluminium ist leicht und besitzt eine hohe Wärmeleitfähigkeit. Du solltest allerdings darauf achten, dass Töpfe und Pfannen aus Aluminium gehärtet wurden, denn klassisches Aluminium kann gesundheitsschädlich sein. Durch diese sogenannte Elektrolytische Oxidation (Hartanodisieren) kann Aluminium bis zum Faktor 20 gehärtet werden und ist dadurch deutlich kratzfester. Mit einer zusätzlichen PTFE-Imprägnierung (Non-Stick) eignet sich Aluminium-Kochgeschirr auch zum Braten. Verwende beim Kochen und Braten mit Aluminiumtöpfen nur Kunststoff- oder Holzbesteck und wasch es nur mit der Hand aus.
- **Titan:** Titan ist ein Leichtgewicht. Aber Vorsicht: Aufgrund der geringen Wärmeleitfähigkeit des Materials kann es sehr schnell passieren, dass das Essen anbrennt. Ein wenig Übung beim Kochen mit Titan-Geschirr gehört dazu.

JEDER TOPF FINDET SEINEN DECKEL

Ein Deckel auf den Töpfen reduziert die Kochzeit erheblich, was besonders bei sehr hungrigen Abenteurern ein großer Vorteil ist.

Teller und Besteck

Nimm einfach Besteck aus deiner eigenen Küche mit. Löffel sind meist völlig ausreichend und so gut wie jedes Gericht kann entweder direkt aus dem Topf gegessen werden – was ohnehin mehr Spaß macht – oder aus Schüsseln.

MIKROABENTEUER-TIPP

Du kannst für den Anfang einfach Brotdosen als Geschirr verwenden, denn diese sind in der Regel leicht, lassen sich gut stapeln und einfach transportieren.

Beim Kauf von Outdoorgeschirr kannst du dich auf Schüsseln (statt Teller) beschränken. Kunststoff- oder Holzbesteck ist von Vorteil, wenn du mit Aluminiumtöpfen kochst, dann kannst du dein Besteck auch zum Kochen verwenden.

PACKLISTE FÜR EINEN TAG IN DER NATUR

Damit du nichts Wichtiges für ein Mikroabenteuer vergisst, ist eine Packliste sinnvoll. Mit ihr behältst du den Überblick und aufkommender Pack-Stress wird im Keim erstickt. Im Folgenden habe ich dir eine praktische Liste zusammengestellt, die du, je nach Wetter und Mikroabenteuer, für euch anpassen kannst.

Du kannst dir die Liste unter www.adailytravelmate.com/packliste-mikroabenteuer herunterladen, ausdrucken, mit Notizen versehen, an deinen Kühlschrank, deine Pinnwand oder deine Haustür hängen.

Essen & Trinken

Bei Hunger und Durst lassen sich keine Abenteuer erleben. Achte immer auf ausreichend Proviant.

- ✓ Wasser (ca. 1 Liter pro Person bzw. abhängig von der Länge eures Abenteuers)
- ✓ Snacks und Obst für zwischendurch
- ✓ Evtl. Verpflegung für ein Picknick

Ausrüstung

Die Ausrüstung variiert je nach geplantem Abenteuer. Die meisten Mikroabenteuer sind aber auch ohne Ausrüstung machbar.

- ✓ Picknickdecke
- ✓ Taschenmesser
- ✓ kleines Funktionshandtuch
- ✓ Ausrüstung, die ihr je nach Mikroabenteuer benötigt

Das muss immer mit

Die folgenden Gegenstände gehören immer in deinen Abenteuer-Rucksack.

- ✓ Notfall-Apotheke
- ✓ Smartphone, Geldbeutel
- ✓ Taschentücher
- ✓ Sonnencreme
- ✓ Müllbeutel

Kleidung

Hier gilt die Devise: lieber ein wenig mehr einpacken, statt zu frieren.

- ✓ Wechselkleidung (Socken, Hosen, T-Shirt, Pullover)
- ✓ Sonnenhut
- ✓ Fleecejacken
- ✓ Regenjacken
- ✓ Matschhosen
- ✓ Mütze/Handschuhe

Die Wechselkleidung könnt ihr auch einfach drüberziehen, wenn es kälter als gedacht ist.

Outdoor-Küche

Draußen kochen macht Spaß und an der frischen Luft schmeckt es ohnehin am besten.

- ✓ Kocher oder Isolierflasche mit heißem Wasser
- ✓ Topf
- ✓ Löffel
- ✓ Teller oder Schüsseln
- ✓ Zutaten

MIKROABENTEUER-TIPP

Lege neben der Ausrüstung für euer Mikroabenteuer auch die Sachen, die ihr unterwegs anziehen wollt, bereit. Dann hast du einen guten Überblick, was noch fehlt.

KINDER- & GEPÄCKTRANSPORT

Mikroabenteuer werden erst dann so richtig spannend, wenn ihr die breiten Wege verlasst. Breite Wege sind für Kinder vor allem eins: unglaublich langweilig. Sie sind aber auch unglaublich praktisch für einen Wagen, wenn deine Kinder noch keine langen Strecken selbst laufen können. Da ist außerdem noch die Sache mit dem Gepäcktransport, denn je nach Abenteuer und Wetter kommt doch einiges zusammen, was du mitnehmen musst.

Kindertransport

Für ein Mikroabenteuer mit kleinen Kindern kannst du zwischen einer passenden Tragemöglichkeit oder einem passenden Gefährt wählen.

Tragemöglichkeiten

Ein kleines Kind zu tragen hat einen unschlagbaren Vorteil: Ihr seid bei der Wahl der Wege und somit auch bei euren Mikroabenteuern völlig frei und flexibel. Allerdings musst du am Ende eines langen Tages wahrscheinlich Kind und Gepäck schultern, was durchaus den Besuch eines Fitnessstudios ersetzen kann.

Tragetuch/Trage

In einem Tragetuch oder einer Trage kannst du Babys und Kleinkinder auf jedes Mikroabenteuer mitnehmen.

Vorteile

- Kinder profitieren in der Trage vom direkten Körperkontakt, sie werden gewärmt und erfahren Nähe und Geborgenheit.
- Eine Trage bedeutet einen hohen Tragekomfort für den Tragenden.
- Eine kleine und leichte Trage lässt sich gut mitnehmen und unterwegs platzsparend verstauen.

Nachteile

- An warmen Tagen schwitzt du dein Kind in der Trage nass, was für euch beide schnell unangenehm werden kann.
- Trägst du dein Kind auf dem Rücken, bleibt die Gepäckfrage ungelöst, wenn du allein mit Kind unterwegs bist.

MIKROABENTEUER-TIPP

Für kurze Mikroabenteuer mit Trage kannst du euer Gepäck in einer großen Gürteltasche verstauen.

Tragerucksack

In einem Tragerucksack (Kraxe) sitzt dein Kind leicht erhöht und aufrecht. Entsprechend sollte die Kraxe frühestens zum Einsatz kommen, wenn ein Baby selbstständig sitzen und seinen Kopf stabil halten kann. Die Bewegungen, die beim Gehen entstehen, muss es gut ausgleichen können.

Vorteile

- Kinder lieben den großartigen Überblick und die Aussicht von dort oben.

- Im Tragerucksack ist Platz für Gepäck, wobei der Stauraum eine eher minimalistische Packweise voraussetzt.
- Dein Kind klebt nicht, wie in einer Trage, direkt an dir und im Sommer oder bei anstrengenden Wegen schwitzt du es nicht nass.

Nachteile

- Kinder sind in einer Kraxe Wind und Wetter ausgesetzt und profitieren nicht von der Körperwärme des Tragenden.
- Ein Tragerucksack ist eine große Belastung. Eigengewicht samt Kind und Gepäck summieren sich schnell.
- Die Gewichtsverteilung für den Tragenden ist nicht optimal, da der schwere Kopf des Kindes oben rausschaut. Das kann zu Unsicherheit bzw. fehlender Trittsicherheit führen.

MIKROABENTEUER-TIPP

Je nach Mikroabenteuer kannst du Wanderstöcke mitnehmen. Sie sorgen für zusätzlichen Halt und entlasten beim Bergablaufen mit Trage oder Tragerucksack deine Knie.

Mit dem Tragerucksack unterwegs – meine Tipps:

- Pack für dein Kind immer eine zusätzliche Schicht an Kleidung ein. Es friert in der Kraxe viel schneller als in einer Trage.
- Steigere deine Mikroabenteuer langsam, damit du das Gehen mit dem Tragerucksack trainieren kannst.
- Achte auf die Wahl des richtigen Schuhwerks. Beim Wandern mit Kraxe solltest du immer einen Schuh wählen, der knöchelhoch ist und dessen Sohle für entsprechende Rutschfestigkeit sorgt.
- Mach dich mit der Kraxe und ihren verschiedenen Einstellungsmöglichkeiten vertraut. Optimal eingestellt trägt sich der Tragerucksack leichter und du ermöglichst deinem Kind eine gute Sitzposition.

Der fahrbare Untersatz

Der große Vorteil eines fahrbaren Untersatzes ist der zusätzliche Platz für Gepäck. Der Nachteil liegt auf der Hand: Du bist bei der Wahl der Wege eingeschränkt und unterwegs nicht sehr flexibel.

Kinderwagen/Buggy

Die folgenden Kriterien sollte ein Kinderwagen bzw. Buggy erfüllen, damit du ihn für Mikroabenteuer nutzen kannst:

- Große Reifen (Luftreifen oder Luftkammerräder), denn je größer das Rad, desto ruhiger fährt der Kinderwagen
- Eine gute Federung, damit die Erschütterungen bei der Fahrt über holprige Wege gut abgefedert werden
- Eine hochwertige Bremse: Scheibenbremsen sind hier die beste Wahl, denn damit kannst du den Wagen dosiert bremsen
- Feststellbare Schwenkräder
- Je leichter der Wagen ist, desto besser.

Fahrradanhänger

Fahrradanhänger sind wahre Multitalente und können auch als Kinderwagen genutzt werden. Sie sind gut gefedert, haben große Reifen, sind meist mit einer Bremse ausgestattet und bieten viel Platz für Gepäck. Außerdem sind sie robust, wendig und wetterfest, da Sonnenverdeck und Regenschutz meist integriert sind.

Fahrradanhänger sind allerdings sehr schwer. Meiner Meinung nach kannst du aber getrost über diesen Nachteil hinwegsehen, denn für ein Mikroabenteuer sind sie Platzwunder und transportieren sowohl müde Kinder als auch viel Gepäck.

Anhänger kannst du als Doppelsitzer kaufen, sodass du damit auch bequem zwei kleine Kinder auf Abenteuer mitnehmen kannst.

Bollerwagen

Bollerwagen sind eine gute Möglichkeit, Kinder und Gepäck zu transportieren. Der Vorteil eines Bollerwagens ist, dass er gezogen statt geschoben wird. Wenn du schon einmal versucht hast, einen Wagen einen Weg mit Steinen oder Wurzeln bergauf zu schieben, weißt du, dass das nur ziehend funktioniert.

Neben den klassischen Modellen mit vier Rädern gibt es mittlerweile auch Bollerwagen mit nur zwei Rädern, die für den Outdooreinsatz konzipiert wurden.

MIKROABENTEUER-TIPP

Starte mit Mikroabenteuern, für die du eine geeignete Transportmöglichkeit daheim hast oder die gleich vor eurer Haustür liegen, sodass auch kleine Kinder selbst laufen können.

Gepäcktransport

Für die meisten Mikroabenteuer brauchst du nicht viel: Getränke, Snacks, Wechselkleidung und eine Picknickdecke. Das kannst du entweder in einem Wagen transportieren oder in einem Rucksack tragen.

Kinderwagen/Fahrradanhänger/Bollerwagen

Ein fahrbarer Untersatz ist nicht nur praktisch, um deine müden Kinder zu schieben, sondern kann dich beim Gepäcktransport unterstützen. Es ist mitunter erstaunlich, wie viel Gepäck darin verstaut werden kann. Bedenke aber, dass sich Eigengewicht, Kindergewicht und das Gewicht des Gepäcks schnell summieren.

Rucksack

Ein guter Rucksack ist in meinen Augen das Equipment, das du dir als Mikroabenteurerin auf jeden Fall zulegen solltest. Ich empfehle dir ein Rucksackvolumen von 32 Litern. Der Rucksack sollte einen Hüftgurt (auch „Hüftflossen" genannt) haben, denn dieser sorgt dafür, dass du das meiste Gewicht auf den Hüften statt auf den Schultern trägst.

MIKROABENTEUER-TIPP

Rucksack-Modelle, die eine große Fronttasche (die ist normalerweise für Kletterhelme vorgesehen) haben, sind perfekt für Unternehmungen mit Kindern geeignet, denn dort kannst du erst einmal alles verstauen, was unterwegs so ausgezogen oder gesammelt wird, ohne jedes Mal den Rucksack auf- und wieder absetzen zu müssen.

Vergiss nicht, immer die Regenhülle für den Rucksack einzupacken. Damit bleibt euer Gepäck auch bei Regen trocken.

Kinderrucksack

Brauchen Kinder einen Rucksack? Eine wirkliche Hilfe beim Tragen kannst du erst ab einem Alter von ungefähr 9 Jahren erwarten. Kleine Kinder sollten über einen längeren Zeitraum außerdem maximal 10 Prozent ihres eigenen Körpergewichts tragen. Mikroabenteuer bedeuten für Kinder Freiheit und ungestörtes Spielen. Dazu gehört auch, dass sie selbst entscheiden dürfen, ob sie einen Rucksack dabeihaben möchten.

Bei der Wahl eines geeigneten Kinderrucksacks solltest du darauf achten, dass er einen Brustgurt besitzt, den auch schon kleine Kinder selbstständig öffnen können. Ein Hüftgurt ist kein Muss, sorgt aber dafür, dass der Rucksack z. B. beim Rennen nicht hin- und herschwingt.

NACHHALTIGKEIT UND MIKROABENTEUER

Nachhaltige Umwelterziehung lässt sich am besten durch das Erleben der Natur vermitteln. Wir Eltern können unsere Kinder während eines Mikroabenteuers an das Thema Nachhaltigkeit heranführen, indem wir ihnen das Draußensein im Einklang mit der Natur vorleben.

Die Anreise umweltfreundlich gestalten

Es ist wunderbar einfach, sich mit Kindern ins Auto zu setzen und in die Natur zu fahren. CO_2-Ausstoß und Gummiabrieb der Reifen lassen den ökologischen Fußabdruck bei solch einer Fahrt allerdings in die Höhe schnellen. Eine Anreise mit öffentlichen Verkehrsmitteln, wie der Bahn oder dem Bus, ist aber nicht unbedingt *stressiger* als mit dem Auto anzureisen.

LASS DEIN AUTO STEHEN

Fahr mit öffentlichen Verkehrsmitteln bzw. dem Fahrrad oder starte direkt zu Fuß von eurer Haustür aus. Schon von klein auf kannst du deinen Kindern vorleben, dass ein Auto häufig nicht gebraucht wird. Dieser Ansatz könnte in Zukunft sehr viel für uns alle ändern.

Verpackungsfreie Verpflegung mitnehmen

Jeder Müsliriegel, der einzeln verpackt daherkommt, und jede noch so kleine Tüte Gummibärchen produzieren Müll. Stell eure Snacks einfach selbst her, kaufe in verpackungsfreien Supermärkten ein oder nimm z. B. einen Stoffbeutel mit zum Bäcker. Gesunde Snacks wie Äpfel, Karotten oder Birnen brauchen überhaupt keine Verpackung.

Eure Verpflegung nehmt ihr in Brotdosen mit, statt Plastiktüten oder Alufolie zu verwenden. Für eure Getränke nutzt ihr Trinkflaschen, die sich immer wieder befüllen lassen.

Euren Müll nehmt ihr selbstverständlich wieder mit nach Hause: vom Apfelrest über die Bananen- und Eierschalen bis hin zu benutzten Taschentüchern. Zusätzlich könnt ihr den Müll anderer Abenteurer mitnehmen, denn niemand ist perfekt und manchmal fällt Müll unbemerkt runter.

VERPACKUNGSFREIER SNACK: VEGANE BANANENRIEGEL

Zutaten für ca. 15 Riegel:
2 Tassen Haferflocken
½ Tasse Mandel- oder Hafermilch
2 reife Bananen, zerdrückt
1 EL Zimt, 1 EL Agavendicksaft, 1 TL Vanillepulver (oder Zucker)

Anleitung:
Alle Zutaten in einer Schüssel mit dem Löffel vermischen und auf einem mit Backpapier ausgelegten Backblech verstreichen. Bei 180 Grad (Ober- und Unterhitze) 25 Minuten backen. Anschließend in Riegelform schneiden und fertig ist der wohl einfachste verpackungsfreie Riegel der Welt!

Wähle eure Ausrüstung nachhaltig

Ohne die neueste Ausrüstung könnt ihr keine richtigen Abenteuer erleben, so suggeriert es uns zumindest die Werbung der Outdoor-Industrie. Bevor du allerdings ins nächste Outdoorgeschäft läufst, überlege dir die folgenden Punkte:

- **Kannst du gebraucht kaufen?** Gerade im Bereich der Kinderkleidung gibt es ein riesiges Online-Angebot bei eBay-Kleinanzeigen oder Vinted oder du schaust im nächstgelegenen Secondhand-Laden vorbei.
- **Kannst du kaputte Jacken oder Hosen reparieren?** Ich persönlich kann nicht nähen, aber die Omas sind immer froh, wenn sie hier und da für uns etwas flicken dürfen.
- **Kannst du leihen?** Damit ist weniger die Kleidung gemeint als z. B. eine Kraxe, ein großer Rucksack, eine Hängematte, ein Kocher usw.
- **Kannst du Kleidung noch ein wenig länger tragen**? Vor allem kleinen Kinder ist es egal, was sie tragen. Hauptsache ihre Kleidung ist bequem und sie dürfen sich darin schmutzig machen.

In meinen Augen kannst du deinen Kindern unglaublich viel mit auf den Weg geben, wenn du diese Punkte bewusst vorlebst: Konsum ist nicht wichtig, man muss nicht immer alles wegschmeißen, was ein Loch hat, man kann Spaß haben, auch ohne trendig gekleidet zu sein.

FAIRE ARBEITSBEDINGUNGEN UND NACHHALTIGKEIT

Wenn du neue Kleidung oder Ausrüstung kaufen willst, suche dir einen Hersteller, dem bei der Produktion faire Arbeitsbedingungen und Nachhaltigkeit wichtig sind. Das ist für uns als Laien nicht immer leicht verständlich, vor allem, weil die in Outdoor-Bekleidung verwendeten Materialien komplex sind. Siegel wie *bluesign®*, *Fair Wear Foundation* oder der *Global Organic Textile Standard (GOTS)* sind ein guter Anhaltspunkt für faire und umweltfreundliche Produkte.

Die richtige Outdoor-Toilette

„Mama, ich muss auf die Toilette." „Pipi?" „Nein!" „Oh."

Keine Panik, wenn einer von euch bei einem Mikroabenteuer, das länger als geplant oder sogar über Nacht dauern kann, ein *„großes Geschäft"* machen muss. So geht´s ohne Spuren zu hinterlassen:

- Entferne dich weit genug von eurem Lager und halte genügend Abstand zu Gewässern.
- Grabe ein Loch, das ca. 15 bis 20 Zentimeter tief ist.
- Schütte das Loch nach Erledigung des Geschäfts wieder zu.

Ein ausreichend tiefes Loch zu buddeln ist nicht immer einfach, aber wichtig. Im Loch zersetzt sich der Kot viel schneller, Regen kann ihn nicht wegspülen und Tiere buddeln ihn nicht so schnell aus. Benutztes Toilettenpapier ist kompostierbar und zersetzt sich unter der Erde ebenfalls schnell. Zur Not kannst du auch ein Blatt oder einen glatten Stein zum Abwischen benutzen. Taschentücher oder Feuchttücher sind dagegen Müll und brauchen Jahre bis sie verrotten. Packe sie nach Benutzung ein und entsorge sie zu Hause richtig.

Du kannst das Loch mit einem Stock graben oder du hast eine kleine Schaufel im Gepäck. Falls der Boden zu hart ist, bleibt euch nichts anderes übrig, als euer Geschäft in eine Plastiktüte zu verrichten und mitzunehmen.

VERMEIDE ÜBERLAUFENE GEBIETE

Bei einem Mikroabenteuer steht die gemeinsame Zeit als Familie in der Natur im Vordergrund und dazu reicht die nächstgelegene Wiese, ein Waldstück oder ein Bachlauf. Ihr müsst nicht zu spektakulären Landschaften fahren, um Abenteuer zu erleben. Das Schöne am unscheinbaren Wald ums Eck ist, dass dort weniger Menschen unterwegs sind als in touristisch clever vermarkteten Gebieten. Überlaufene Gebiete zu vermeiden, ist eine einfache Möglichkeit, die Natur zu schonen und mit Kindern nachhaltige Mikroabenteuer zu erleben.

Verhaltet euch respektvoll gegenüber der Natur

Wir haben gelernt, dass wir in der Natur nur zu Gast sind und uns dementsprechend verhalten sollen. Das geht so weit, dass wir uns nicht mehr trauen, die Wege zu verlassen, im Wald zu kochen oder dort zu schlafen. Dabei ist die Natur ein Ort, der uns Kraft und Geborgenheit schenken kann.

Natürlich solltest du deinen Kindern mitgeben, dass die Natur das Zuhause vieler Tiere ist und dass ihr bei euren Abenteuern quasi durch ihr Wohnzimmer lauft.

- Seid besonders rücksichtsvoll im Winter, bei Hitze, in der Brutzeit oder Balzzeit. Hier muss unnötiger Stress für die Tiere vermieden werden.
- Beachtet ausgewiesene Schutzgebiete und die dort geltenden Regeln.

WO KANNST DU DICH ÜBER AUSGEWIESENE SCHUTZGEBIETE UND DIE DORTIGEN REGELN INFORMIEREN?

Naturschutzgebiete sind immer als solche gekennzeichnet. Aus historischen Gründen ist diese Kennzeichnung in Deutschland nicht einheitlich, meist sind es allerdings grüne, dreieckige Schilder mit einem Adler oder einer Eule. Hier steht die Natur unter besonderem Schutz. Offenes Feuer (gilt auch für Kocher) ist hier verboten, Blumen und Pflanzen dürfen nicht gepflückt, Wege nicht verlassen werden und Lärm ist zu vermeiden.

Neben den Naturschutzgebieten gibt es noch viele weitere Schutzgebiete. Beim Bundesamt für Naturschutz kannst du diese auf einer Online-Karte einsehen: https://geodienste.bfn.de/schutzgebiete.

- Wildtiere und Weidetiere sollten niemals gefüttert werden. Deshalb solltet ihr allen Müll, auch vermeintlich organische Essensreste, wieder mitnehmen.
- Haltet Abstand zu Jungtieren, auch wenn ihre Eltern gerade nicht zu sehen sind.

Wir Menschen sind ein Teil der Natur. Sie ist kein Museum, das wir uns nur anschauen dürfen. Vor allem unsere Kinder müssen die Natur mit allen Sinnen erfahren können. Deine Aufgabe ist es, darauf zu achten, dass der Umgang deiner Kinder mit der Natur respektvoll ist und dass ihr euch in Schutzgebieten richtig verhaltet.

„Nur wer sich mit der Natur verbunden fühlt und ihre Kraft spürt, der kann sie in Zukunft auch nachhaltig schützen."

Jana und Patrick Heck, Autoren von Ausgebüxt

GEFAHREN IN DER NATUR

Draußensein ist das Natürlichste der Welt, doch gerade Abenteuer-Einsteiger stellen sich die Frage nach möglichen Gefahren, wenn sie in der Natur unterwegs sind. Vieles erscheint aber nur deshalb gefährlich, weil wir zu wenig darüber wissen.

Zecken

Wo leben Zecken?
Zecken leben überall dort, wo es Pflanzen gibt. Da sie bevorzugt auf Grashalmen oder im Gebüsch sitzen, sind sie meist in einer Höhe von weniger als einem Meter über dem Boden zu finden.

Wie gelangen die Zecken auf den Menschen?
Zecken warten darauf, dass ein Mensch oder Tier vorbeistreift, und halten sich bei Kontakt fest.

Wo stechen Zecken?
Zecken stechen nicht sofort, sondern suchen auf dem Körper nach einer möglichst geschützten Stelle. Dazu gehören: Haaransatz, Ohren, Hals, Achseln, Ellenbeuge, Bauchnabel, Kniekehle, Genitalbereich oder auch die Stelle unter dem Hosenbund oder dem Band der Armbanduhr.

SO SCHÜTZT DU DICH UND DEINE KINDER VOR ZECKEN

- Der sinnvollste Schutz ist das regelmäßige Absuchen nach Zecken. Eine Zecke bevorzugt geschützte Stichstellen, an denen du ganz besonders gründlich nachschauen solltest.
- Da Zecken nicht sofort zustechen, kann eine Dusche nach der Draußen-Zeit die Zecken abwaschen.
- Du kannst Repellentien (synthetische oder natürliche) verwenden, die zeitlich begrenzt gegen Zecken schützen. Es ist auch sinnvoll, die Kleidung damit einzusprühen.
- Lange Hosen erschweren es den Zecken, eine geeignete Hautstelle zu finden.
- Helle Kleidung macht Zecken unterwegs schnell sichtbar.

Welche Krankheiten übertragen Zecken?
In Deutschland können Zecken verschiedene Infektionskrankheiten übertragen. Am häufigsten die Borreliose, eine Bakterieninfektion, und die Frühsommer-Meningoenzephalitis (FSME), eine durch Viren verursachte Krankheit.

Wie hoch ist das Risiko einer Erkrankung?
Das Vorkommen von Zecken, die mit Borrelien oder FSME-Viren infiziert sind, kann kleinräumig stark schwanken. Im Mittel tragen in FSME-Risikogebieten 0,1 bis 5 Prozent der Zecken FSME-Viren in sich. Das ist zu gering, um ein Erkrankungsrisiko nach einem Stich zu ermitteln. Das Vorkommen von Borrelien in Zecken kann bis zu 30 Prozent betragen. Bei 2,6 bis 5,6 Prozent der Betroffenen wurde nach einem Stich eine Infektion nachgewiesen (Quelle: RKI).

Wie lange dauert es, bis Borrelien und FSME-Viren übertragen werden?
Borrelien werden erst nach 1 bis 2 Tagen nach dem Einstich übertragen, die Übertragung von FSME-Viren erfolgt innerhalb kurzer Zeit.

ZECKEN RICHTIG ENTFERNEN

Am besten hast du in deiner Notfall-Apotheke eine Zeckenpinzette griffbereit, um auch unterwegs Zecken entfernen zu können.

Greife die Zecke nahe an der Hautoberfläche, keinesfalls am Körper, und ziehe sie vollständig und gerade aus der Haut. Achte darauf, die Zecke nicht zu drehen und reize sie vor dem Entfernen nicht, indem du sie z. B. mit Öl beträufelst. Im Notfall kannst du die Zecke auch mit den Fingernägeln entfernen. Je schneller du sie entfernst, desto unwahrscheinlicher ist ein Übergang von Krankheitserregern. Nach dem Entfernen solltest du die Stelle desinfizieren und beobachten. Treten Rötungen auf, dann suche einen Arzt auf.

Fuchsbandwurm

Der Fuchsbandwurm ist ein Parasit, der sich in der Darmwand von Wirtstieren verankert und der im Menschen eine sehr seltene, lebensbedrohliche Erkrankung hervorrufen kann. Der Parasit lebt überwiegend im Rotfuchs, kann aber auch in anderen Tieren, wie dem Haushund vorkommen. Die Eier des Wurms werden mit dem Kot ausgeschieden.

Theoretisch könnt ihr euch beim Verzehr von Beeren, aber auch bei der Gartenarbeit oder beim Spielen mit einem Hund infizieren. Um dich sicherer zu fühlen, solltest du Waldbeeren, Obst und Gemüse vor dem Verzehr waschen.

WIE GELANGT DER FUCHSBANDWURM IN DEN MENSCHEN?

Die genauen Übertragungswege von Fuchsbandwurmeiern auf den Menschen sind noch nicht im Detail bekannt. Bislang gibt es keine eindeutigen Hinweise darauf, dass das Verzehren von Beeren oder Pilzen die Infektionsgefahr erhöht. Darüber hinaus kommt es nur in sehr seltenen Fällen zu einer Erkrankung. Sehr selten bedeutet, dass dem Robert-Koch-Institut im Jahr 2019 gerade einmal 25 Neuinfektionen in Deutschland gemeldet wurden.

Gewitter und Sturm

Mikroabenteuer kannst du mit deinen Kindern das ganze Jahr erleben, unabhängig vom Wetter. Warte auf keinen Fall auf den perfekten Tag mit angenehmen 26 Grad und stabiler Wetterlage, denn dann wirst du nie aufbrechen. Selbstverständlich gibt es beim Wetter Abstufungen und bei Gewitter, Sturm und Starkregen solltest du auf Mikroabenteuer verzichten. Schau dir vor einem geplanten Draußen-Tag den aktuellen Wetterbericht an und behalte auch unterwegs das Wetter im Blick, denn lokale und sehr schnelle Wetterumschwünge sind vor allem im Sommer keine Seltenheit.

Wie weit ist ein Gewitter entfernt?
Siehst du Blitze am Horizont, hörst aber keinen Donner, so ist das Gewitter noch mindestens 18 Kilometer entfernt. Blitze können übrigens bis zu fünf Kilometer Entfernung einschlagen. Liegen zwischen Blitz und Donner weniger als 15 Sekunden, wird es gefährlich und ihr müsst jederzeit mit einem Einschlag in der Nähe rechnen.

RICHTIGES VERHALTEN BEI EINEM GEWITTER

- Kauert euch in eine Mulde oder einen Graben, stellt die Füße so eng wie möglich zusammen und nehmt den Kopf zwischen die Arme.
- Setzt euch auf kleinflächige, isolierende Ausrüstung, z. B. einen trockenen Rucksack.
- Mehrere Personen sollten sich verteilen und einen Abstand von drei Metern einhalten.
- Entfernt euch von exponierten Stellen und wasserführenden Bereichen und verlasst einen Wald zügig.
- Hat euch ein Gewitter im Wald überrascht, dann sucht euch eine Baumgruppe mit möglichst niedrigen Bäumen und kauert euch möglichst weit weg von den Baumstämmen auf den Boden.

An stürmischen Tagen, an denen Böen mit mehr als 60 Kilometer pro Stunde gemeldet sind, ist es nicht ratsam, sich im Wald aufzuhalten. Auch nach einem Sturm besteht weiterhin eine erhöhte Gefahr im Wald durch angebrochene Bäume oder Äste, die jederzeit herunterfallen können.

Giftige Pflanzen

In der Natur gibt es viele Pflanzen und Pilze, die essbar und gesund sind, aber auch zahlreiche giftige Exemplare.

Ihr solltet nur Pflanzen und Pilze sammeln und essen, die du sicher kennst und zweifelsfrei von möglichen giftigen Doppelgängern unterscheiden kannst. Der Verzehr von giftigen Exemplaren kann im besten Fall für Übelkeit, Erbrechen oder Kopfschmerzen sorgen, im schlimmsten Fall zu tödlichen Vergiftungen führen.

MIKROABENTEUER-TIPP

Am besten sprichst du vorab mit deinen Kindern über die Gefahren von giftigen Pflanzen und Pilzen und stellst die Regel auf, dass sie nichts in den Mund stecken dürfen, was sie dir nicht gezeigt haben. Im Notfall rufe bitte den Notruf oder Giftnotruf an. Dieser ist für akute Vergiftungsfälle 24 Stunden erreichbar.

Begegnungen mit wilden Tieren

Grundsätzlich ist eine Begegnung mit wilden Tieren in ihrem natürlichen Lebensraum eines der großartigsten Erlebnisse, das ihr gemeinsam erfahren könnt. Vögel, Waldmäuse und Eichhörnchen sind Tiere, die große und kleine Abenteurer meist putzig finden. Vor allem der Gedanke an eine Begegnung mit Wildschweinen, Füchsen, Waschbären, Luchsen oder Wölfen jagt uns aber durchaus Angst ein.

MIKROABENTEUER-TIPP

Die größte Angst ist meist durch unser Unwissen begründet, denn wir wissen wenig (oder haben Gelerntes bereits vergessen) über unsere heimischen Wildtiere. Auf der Website der Deutschen Wildtierstiftung kannst du dir z. B. die Laute von Wildschwein, dem Rothirsch oder dem Fuchs anhören und eine ganze Menge Interessantes über diese Tiere lernen.

Das Wildschwein

Ausgewachsene Wildschweine können bis zu 200 kg schwer werden, haben eine stattliche Größe von bis zu einem Meter Höhe und zusammen mit den messerscharfen Eckzähnen, vor allem bei männlichen, älteren Wildschweinen, sind diese Tiere in ihrer Gesamtheit durchaus angsteinflößend.

Wildschweine kommen bei uns überall vor. Begegnungen sind aber schon deshalb recht selten, da sie euch lange riechen, bevor ihr sie überhaupt sehen könnt. Da die grundsätzlich friedlichen Tiere den Kontakt mit Menschen meiden, ziehen sie weiter, bevor ihr ihnen zu nahekommt.

RICHTIGES VERHALTEN BEI EINER BEGEGNUNG MIT WILDSCHWEINEN

Verhaltet euch bei einer Begegnung immer ruhig, haltet besonders Abstand zu Bachen und ihren Frischlingen (junge Wildschweine) und weicht langsam zurück. Hektische Bewegungen solltet ihr vermeiden. In der Regel ziehen sich die Wildschweine dann ebenfalls zurück. Fürchtet ihr einen Angriff, dann macht euch groß und klatscht laut in die Hände. Weglaufen ist tatsächlich sinnlos.

Der Wolf

Um den Wolf ranken sich (leider) zahlreiche düstere Geschichten. Wölfe sind scheue Tiere, die den Kontakt zu Menschen meiden. Sie können hervorragend sehen, riechen und hören und bleiben meist im Verborgenen, sodass eine Begegnung von uns Menschen meist unbemerkt bleibt.

Ein gesunder, wild lebender Wolf greift einen Menschen in der Regel nicht an. Sollte es zu einer sehr unwahrscheinlichen Begegnung kommen, zieht euch langsam und leise zurück. Nähert euch dem Wolf nicht, versucht nicht, Fotos zu machen oder die Tiere gar zu streicheln oder zu füttern.

Dunkelheit

Im Dunkeln mitten in der Natur können wir nur noch im Strahl der Taschenlampe auf unseren Sehsinn zurückgreifen. Dieser Verlust der visuellen Wahrnehmung, kombiniert mit wilden Fantasien, meist hervorgerufen durch eine Menge schlechter Gruselfilme, kann beängstigend sein. Zudem nehmen wir plötzlich viel bewusster Laute wahr, die uns umgeben und die wir nicht zuordnen können.

Ängste unterwegs abschütteln

Steckt ihr schon mittendrin in der Dunkelheit und Angst überkommt dich, dann atme erst einmal tief ein und wieder aus. Frage dich bewusst, was dir gerade Angst macht. Vielleicht hilft ein lautes Lachen über deine wahrscheinlich skurrilen Gedanken. Nachts im Wald gibst du die Kontrolle ab. Darin liegt der besondere Reiz einer Nachtwanderung oder beim Draußenschlafen. Dir und deinen Kindern wird hier nichts Schlimmes passieren, ihr füllt gerade euer Fass an gemeinsamen Erinnerungen und ihr könnt noch lange von diesem Erlebnis zehren. Bestimmt hilft dir dieser Gedanke, die Angst abzuschütteln.

Meine Erfahrung ist, dass Kinder während eines nächtlichen Abenteuers in der Natur weniger ängstlich sind als so mancher Erwachsener. Ein Erwachsener, der sich auch im Dunkeln völlig angstfrei bewegt, ist ein sicherer Anker für Kinder und ein lautstark geträllertes Kinderlied wirkt oft wahre Wunder.

ERZWINGE KEIN ABENTEUER IN DER DUNKELHEIT

Grundsätzlich solltest du deine Angst und erst recht die Angst deiner Kinder vor der Dunkelheit sehr ernst nehmen. Hast du das Gefühl, jemand von euch kann diese Angst nicht kontrollieren, ist eine Nachtwanderung oder eine Übernachtung im Wald erst einmal nicht das richtige Abenteuer für euch.

MIT ÄNGSTEN UNTERWEGS RICHTIG UMGEHEN

Interview mit Kathrin Heckmann, Bloggerin bei *Fräulein Draußen*, einem der erfolgreichsten Outdoor-Reiseblogs im deutschsprachigen Raum und Autorin des gleichnamigen Buches.

Mit ihren Geschichten über große und kleine Abenteuer hat die reise- und wanderbegeisterte Autorin schon tausende Leser und Leserinnen inspiriert rauszugehen und die Natur dort draußen in all ihrer Schönheit zu entdecken.

Du bist viel allein in der Natur unterwegs, auch nachts. Gab es gerade zu Beginn deiner Draußen-Zeit Momente, in denen du ängstlich warst? Welche waren das?

Klar, ich glaube, das geht den allermeisten so. Wir sind es ja oft gar nicht gewohnt, mal so richtig allein zu sein, ohne andere Menschen irgendwo in unserer Nähe, oder zumindest unser Smartphone in der Hand. Ich kann mich noch gut an meine erste Zeltnacht allein erinnern, das war während meiner ersten Solo-Reise und schon ziemlich aufregend. Angst vor einer realen Gefahr hatte ich da nicht (weil es die dort auf dem kleinen Hügel mitten im Nirgendwo der schottischen Highlands auch gar nicht gab). Das war eher so eine irrationale Angst vor den eigenen Gedanken und Hirngespinsten.

Wie hast du es geschafft, mit deinen Ängsten umzugehen?

Man muss sich bewusst machen, dass die Angst vorm bösen Wolf, der im dunklen Wald auf einsame Wanderer lauert, ins Reich der Märchen gehört. (Das gilt übrigens auch für den echten Wolf.) Der Rest ist vor allem Gewohnheitssache. Da hilft es, langsam zu starten: Mit einer einfachen Tageswanderung vor der Haustür zum Beispiel.

Deine drei praktischen Tipps für alle, die gerne mehr Zeit in der Natur verbringen möchten, aber ängstlich sind?

- Weniger Schreckensnachrichten, Krimis usw. konsumieren: Die setzen sich in unseren Köpfen fest und formen dort unser Weltbild und unsere Gedanken in einer Art und Weise, die in der Regel nicht mit der Realität übereinstimmt.
- In einem Gebiet mit Handyempfang unterwegs sein: So fühlt man sich weniger abgeschottet von der Außenwelt und kann bei Bedarf jemanden anrufen.
- Gute Vorbereitung: Wissen gibt Sicherheit, denn oft hat man vor allem Angst vor Dingen, die man gar nicht kennt. So kann man sich zum Beispiel über das richtige Verhalten bei Wildschweinbegegnungen einlesen oder einen Kurs für Outdoor-Orientierung besuchen.

Hast du noch immer vor etwas Angst?

Nur vor Dingen, die mir wirklich gefährlich werden könnten – ein Gewitter im Gebirge zum Beispiel. Solche irrationalen Ängste wie oben beschrieben habe ich eigentlich gar nicht mehr, das hat sich letztendlich ziemlich schnell gelegt.

MIKROABENTEUER-IDEEN

Die besten Ideen für Familien
S. 88–89

Für Kinder ab 2 Jahren
S. 90–123

Für Kinder ab 3 Jahren
S. 124–161

Für Kinder ab 4 Jahren
S. 162–191

Für Kinder ab 5 Jahren
S. 192–211

DIE BESTEN IDEEN FÜR FAMILIEN

Jetzt geht es los: Geht raus! Erlebt Abenteuer! Und wachst als Familie zusammen. Bleibt dabei unbedingt flexibel und haltet nicht an einer bestimmten Idee fest, wenn sich unterwegs neue spannende Momente auftun, denn dann seid ihr mittendrin im Erleben!

Ein Abenteuer ist nie komplett planbar, denn im Grunde sind es die ungeplanten Situationen, die euch herausfordern und die den Ideen in diesem Buch erst die richtige Würze geben.

Eins habe ich an all unseren Draußen-Tagen gelernt: Ein Abenteuer kommt selten allein. Du und deine Kinder, ihr werdet unterwegs viele unvorhergesehene Augenblicke erleben, die in diesem Buch nicht zu finden sind: eure ganz eigenen, persönlichen Abenteuermomente.

Aufregende Streifzüge durch die Natur lassen sich schon mit kleinen Kindern erleben. Die folgenden Ideen fangen für Kinder ab zwei Jahren an und enden mit spannenden Vorschlägen für Fünfjährige.

Mach dir keine Sorgen, dass deinen Kindern da draußen langweilig wird. Auch einfache Ideen machen älteren Kindern noch Spaß, sodass du hervorragend mit Geschwisterkindern losziehen kannst.

MIKROABENTEUER BEI REGEN UND IM WINTER

Viele der Ideen in diesem Buch sind für Regenwetter und für kalte Wintertage geeignet, auch wenn es euch ein wenig Überwindung kosten mag, dann rauszugehen. Es kann sein, dass du bei vielen Ideen erst einmal ungläubig mit dem Kopf schüttelst, wenn du liest, dass sich diese auch in der kalten Jahreszeit erleben lassen.

Für ein Abenteuer solltest du die „*Das geht doch nicht*"-Gedanken einfach mal zur Seite wischen. Es geht nämlich doch. Und es macht sogar richtig Spaß. Vielleicht haben wir das aber einfach nur vergessen.

Auf das perfekte Wetter und einen freien Tag in eurem Familienkalender zu warten, ist ohnehin keine allzu gute Idee, denn ehe du dich versiehst, ist der Sommer mit seinen warmen Tagen vorbei. Geht raus, bei jedem Wetter. Mit im Gepäck: ganz viel Lust auf Draußen-Zeit und eine, am besten nie versiegende Quelle an warmem Tee oder Kinderpunsch.

HÄNGEMATTEN-NACHMITTAG

Entspannung unter Baumkronen

Jahreszeit Frühling, Sommer, Herbst, Winter
Dauer auf die Schnelle
Alter ab 2
Ihr braucht Hängematte(n)

Es geht los

Ein Hängematten-Nachmittag ist das perfekte Mikroabenteuer für zwischendurch. Alles was ihr dazu braucht, ist eine Hängematte und zwei Bäume. Bei der Suche nach einem geeigneten Plätzchen müsst ihr nicht mal in den Wald laufen. Auch Stadtparks oder Uferböschungen bieten passende Bäume, um sanft unter Baumkronen hin und her zu schaukeln.

Macht schon die Baumsuche zu einem Abenteuer: Verlasst dabei den Weg und schlagt euch tiefer in den Wald oder Park. Überlasse die

Entscheidung für zwei passende Bäume deinen Kindern. Stell dich außerdem darauf ein, dass deine Kinder in der Hängematte nur kurz Bäume still von unten betrachten. Mit der Hängematte als gemütlichen *Rückzugsort* kommen sie in der Natur leicht ins freie Spielen. Genieße diese Momente.

RÜCKZUGSORT FÜR STRESSIGE TAGE

Vielleicht findet ihr irgendwann im Laufe eurer Mikroabenteuer den perfekten Hängematten-Platz. Einen Platz, an den ihr immer wieder zurückkehrt, der euch als Familie Kraft gibt, an dem ihr den Wechsel der Jahreszeiten erleben könnt. Behaltet den Platz für euch, besucht ihn regelmäßig und zelebriert ihn als euren Hängematten-Geheimplatz.

Baumschutz nicht vergessen

Viele Hängemattenaufhängungen bestehen lediglich aus einem dünnen Seil. Damit wird in erster Linie Gewicht gespart, allerdings nicht an das Wohl des Baums gedacht. Baumunfreundliche Aufhängungen können Bäume beschädigen. Die Aufhängung sollte aus einem breiten Gurt bestehen, alternativ kannst du z. B. auch einen Baumschutz aus synthetischem Filz oder Polyester nehmen, wie er von Slacklinern benutzt wird, oder mit einem Handtuch den Baum schützen.

MIKROABENTEUER-TIPP

Achte beim Kauf der Hängematte auf das Gesamtgewicht, das diese tragen kann, damit ihr zusammen in der Hängematte entspannen könnt. Wenn du mit mehr als einem Kind unter Baumkronen schaukeln willst, empfehle ich dir zwei Hängematten einzupacken.

Hänge die Hängematte nicht zu hoch, damit kleine Kinder beim Toben in der Hängematte nicht zu tief fallen können.

NACKT BADEN

Ungezwungener Badespaß mit Lach-Garantie

Jahreszeit Frühling, Sommer, Herbst
Dauer auf die Schnelle
Alter ab 2
Ihr braucht Handtücher

Es geht los

Sich aller Kleider zu entledigen und nackt in einem See oder Bach zu baden, ist der Inbegriff von Freiheit. Sucht euch dafür einen Bach, See oder Strandabschnitt, der nicht von vielen Menschen besucht wird, und schon kann es losgehen.

MIKROABENTEUER-TIPP

Geht zum Sonnenaufgang oder Sonnenuntergang nackt baden. Dann ist garantiert wenig los und ihr könnt gleich noch die Faszination dieser besonderen Zeit auf euch wirken lassen.

Es ist herrlich, das Element Wasser überall auf seiner Haut zu spüren. Außerdem fühlt es sich verwegen und mutig an, sich nackig zu machen, denn es besteht immer das Risiko, dass jemand vorbeikommt und euch *erwischt*. Wobei es grundsätzlich nicht verboten ist, nackt zu baden, solange sich niemand davon gestört fühlt. Man macht es einfach nur nicht, weshalb es sich wie ein (erlaubter) Regelbruch anfühlt.

Mikroabenteuer verbinden euch als Familie, indem ihr gemeinsame Erinnerungen schafft. Damit will ich sagen, dass es nicht deine Aufgabe ist, mit dem Handtuch am Ufer zu warten. Deine Aufgabe ist es, dich als erste nackig zu machen und kichernd und kreischend ins Wasser zu rennen. Ich garantiere dir, dass sich deine Kinder vor Lachen kringeln werden.

NACKT BADEN IM FRÜHJAHR ODER HERBST

Nackt baden geht nicht nur bei heißen Sommertemperaturen. Auch im Frühling oder Herbst kann ins Wasser springen, wem es nicht zu kalt ist. Abenteuer erleben bedeutet, außerhalb der *„Das macht man nicht“*- oder *„Das geht doch nicht“*-Gedanken zu denken. Achte in den Übergangsjahreszeiten am besten darauf, dass eure Haare beim Nacktbaden nicht nass werden. Packe eine warme Mütze, warme Kleidung und einen warmen Tee in deinen Mikroabenteuer-Rucksack.

MITTAGSRUHE IM WALD

Waldbaden mit Kindern

Jahreszeit Frühling, Sommer, Herbst
Dauer auf die Schnelle
Alter ab 2
Ihr braucht Picknickdecke oder Isomatte, je nach Wetter noch eine Decke bzw. einen Schlafsack, ein kleines Buch

Es geht los

Die Mittagsruhe der Kinder ist für viele Eltern heilig, denn in dieser Zeit können wir schnell ein paar Dinge in Ruhe erledigen. Klingt praktisch und das ist es auch, sofern wir genügend Energiereserven übrighaben. Manchmal sollten aber auch wir einen Gang zurückschalten und uns ausruhen. Verbinde die Mittagsruhe deiner Kinder mit einem Waldspaziergang und mache ein Mikroabenteuer daraus.

Ihr braucht einen Wald und einen geeigneten Platz, auf dem ihr euer Lager aufbauen könnt. Die Suche nach einem schönen Pausenplatz könnt ihr bereits zu einem Abenteuer machen: Verlasst die Wege, wandert tiefer in den Wald hinein und überlasse es deinen Kindern, einen geeigneten Platz zu finden.

Nachdem ihr euer Lager aufgebaut habt, liest du eine Geschichte vor und dann schließt ihr die Augen und kommt zur Ruhe. Wie lange die Ruhe andauert, ist dem Alter und dem Temperament deiner Kinder geschuldet, aber zumindest während der Geschichte und ein paar Minuten danach könnt ihr gemeinsam kuscheln und den Geräuschen des Waldes lauschen.

DIE POSITIVE WIRKUNG DES WALDBADENS

Waldbaden kommt aus Japan und heißt dort Shinrin Yoku. Dabei soll die Waldatmosphäre bewusst wahrgenommen werden. Die heilsame Wirkung des Waldes auf uns Menschen wurde bereits erforscht. Waldluft enthält z. B. 90 Prozent weniger Staubteilchen als Stadtluft und ist besonders reich an Sauerstoff. Bäume, Pilze und Moose geben Duftstoffe ab, sogenannte Terpene, die unser Immunsystem stärken. Außerdem wird bei einem Waldspaziergang die Aktivität des Parasympathikus stimuliert, der unter anderem für unsere Erholung verantwortlich ist. Klingt theoretisch gut und ist in Wirklichkeit noch viel besser.

DIE WEGE VERLASSEN

Abseits ausgetretener Pfade auf Abenteuersuche

Jahreszeit Frühling, Sommer, Herbst, Winter
Dauer auf die Schnelle
Alter ab 2
Ihr braucht ohne Ausrüstung möglich

Es geht los

Bei diesem Abenteuer verlasst ihr bewusst die vorgegebenen Wege und sucht euch eure eigenen Pfade. Am besten eignet sich dazu ein Waldstück, das nicht zu dicht bewachsen ist. Euer Ziel ist dabei unbekannt und der Weg vorher nicht planbar: Das ist Abenteuer-Essenz vom Feinsten.

MIKROABENTEUER-TIPP

Verliere unterwegs nicht die Orientierung. Pack für dieses Mikroabenteuer ein aufgeladenes Smartphone ein, auf dem du eine Offline-Karte abgespeichert hast, damit du mittels GPS deinen Standort bestimmen kannst. Das mag wenig abenteuerlich klingen und du solltest auch nicht ständig auf dein Telefon schauen. Solltet ihr allerdings völlig die Orientierung verlieren, wirst du um diese Hilfe dankbar sein.

Deine Kinder entscheiden, wann ihr den Weg verlasst und gemeinsam durchs Unterholz zieht. Ab jetzt werdet ihr mit anderen Augen durch die „Wildnis“ gehen, denn ihr müsst eure Richtung und eure Schritte mit Bedacht wählen, damit ihr nicht an Zweigen hängen bleibt oder euch im Gestrüpp verfangt. Dabei werdet ihr sicherlich auch mal umkehren müssen, um euch eine neue Route zu suchen, da euch Äste, Bäume oder Hügel den Weg versperren.

Bei diesem Mikroabenteuer ist der Weg das Ziel und es geht keinesfalls darum, möglichst viel Strecke zurückzulegen.

DÜRFT IHR DIE WEGE ÜBERALL VERLASSEN?

In bestimmten Gegenden wie Naturschutzgebieten ist ein Verlassen der Wege nicht erlaubt. Auch in Brut- und Brunftzeiten oder bei Hitze und Kälte solltet ihr nicht durch die Natur poltern, denn dann brauchen die Tiere ihre Kraftreserven zum Überleben. Wir sollten aber nicht vergessen, dass auch wir Menschen ein Teil der Natur sind und wir uns dort aufhalten dürfen.

EINEN BERGGIPFEL ERWANDERN

Gipfel-Glück mit der Familie erleben

Jahreszeit Frühling, Sommer, Herbst, Winter
Dauer Tages-Abenteuer
Alter ab 2
Ihr braucht gutes Schuhwerk und eine geeignete Transportmöglichkeit (Trage, Tragerucksack oder Kinderwagen) für kleine Kinder

Es geht los

Wandern galt lange Zeit als langweilig, hat sich in den letzten Jahren allerdings zu einer Trendsportart entwickelt, die auch viele Familien für sich entdeckt haben.

Unmengen an praktischen Wandertipps findest du auf meinem Wander- und Reiseblog für Familien: www.adailytravelmate.com.

SO WIRD AUS EINER WANDERUNG MIT KINDERN EIN MIKROABENTEUER

Beim Wandern mit Kindern ist immer der Weg das Ziel! Das bedeutet konkret: Je spannender ein Wanderweg ist, desto motivierter wandern Kinder. Langweilige Forstwege und Zufahrtsstraßen solltest du unbedingt meiden.
Die Mehrzahl der in diesem Buch beschriebenen Mikroabenteuer lassen sich mit einer Wanderung verbinden. Egal ob ihr unterwegs nackt baden geht, Steinmännchen baut, bei einer Pause Tiere beobachtet oder die Hängematte aufspannt, eurer Fantasie sind dabei keine Grenzen gesetzt.

So findest du einen geeigneten Gipfel: Ein schroffer Berggipfel mit Gipfelkreuz und atemberaubendem Alpenblick ist für die meisten von uns nur im Urlaub erreichbar und ohnehin nur etwas für geübte Wanderfamilien. Verabschiede dich von dem Gedanken, dass ein Gipfel immer spektakulär sein muss.

Jede Stadt hat eine höchste Erhebung und auch im Flachland finden sich Gipfel. Im Internet kannst du die höchste Erhebung in deiner Gegend recherchieren, aber auch ein Blick auf Google Maps mit der Gelände-Ansicht zeigt dir, wo Hügel zu finden sind. Ihr könnt einfach loswandern, auch querfeldein, um einen Gipfel zu erklimmen. Je nach Gegend und Gelände rate ich dir allerdings, die Route vorab in einem Routenplaner, wie z. B. der Komoot-App, zu planen.
Wie viele Kilometer und Höhenmeter Kinder schon selbst wandern können, ist sehr individuell. Ebenso die Schwierigkeit der Wegstrecke, die du dir und deinen Kindern zutraust.

Mach das Erreichen des Gipfels für euch zu einem besonderen Ereignis, indem ihr den Gipfel z. B. mit einem Stock markiert, ein gemeinsames Foto macht und euch dort oben eine ordentliche Pause mit einem leckeren Picknick gönnt.

EINEN DUFTCOCKTAIL GENIESSEN

Den Geruchssinn auf ein Abenteuer schicken

Jahreszeit Frühling, Sommer, Herbst, Winter
Dauer auf die Schnelle
Alter ab 2
Ihr braucht ein Tuch, um die Augen zu verbinden

Es geht los

Sucht euch einen Ort in der Natur, an dem ihr euch wohlfühlt und an dem es genügend *„Geruchs-Material“* in Form von Gräsern, Blumen, Blüten, Früchten, Blättern, Ästen, Steinen, Erde, Moos usw. gibt.

Bei diesem Mikroabenteuer verbindest du einem deiner Kinder die Augen, während die anderen Abenteurer auf die Suche nach unterschiedlichen Naturmaterialien gehen.

Anschließend darf der „blinde Abenteurer“ an den gesammelten Naturschätzen riechen, indem ihr diese nah an seine oder ihre Nase haltet und er bzw. sie tief einatmet. Passt auf, dass ihr der Nase dabei nicht zu nahekommt, das kann mitunter ganz schön kitzeln oder piksen.

Verreibt die Materialien zwischen den Fingern, dann wird der Geruch noch intensiver.

Es ist übrigens gar nicht wichtig zu erkennen, was gerade gerochen wird, sondern sich auf das Erleben mit dem Sinnesorgan Nase zu konzentrieren.

KREIERE DEINEN EIGENEN DUFT

Eine schöne Variante dieses Mikroabenteuers ist die folgende Idee: Jeder bekommt einen kleinen Becher und stellt sich aus Naturmaterialien seinen eigenen Duft her. Anschließend riecht ihr mit geschlossenen Augen an den verschiedenen Bechern und versucht, euren Duftcocktail wiederzufinden.

Wusstest du, dass der Geruchssinn der unmittelbarste der menschlichen Sinne ist? Er wirkt direkt auf das sogenannte limbische System, in dem Emotionen verarbeitet werden und ist somit eng mit Erinnerungen und Gefühlen verknüpft.

EIN PICKNICK MACHEN

Fingerfood an der frischen Luft genießen

Jahreszeit Frühling, Sommer, Herbst, Winter
Dauer auf die Schnelle
Alter ab 2
Ihr braucht eine Picknickdecke, Essen und Trinken

Es geht los

Essen müssen wir irgendwann alle und grundsätzlich solltest du nie ohne ausreichend Snacks und Getränke zu einem Draußen-Tag mit Kindern aufbrechen.

Für ein Picknick benötigt ihr einen Platz im Freien, an dem ihr eure Picknickdecke ausbreiten könnt. Das kann im Wald, auf der Wiese, auf einem Berg oder an einem Bachlauf sein. Eine etwas abseits gelegene Stelle in eurem Stadtpark eignet sich für ein gemeinsames Picknick ebenfalls hervorragend.

Schon die Suche nach einem geeigneten Platz kannst du zu einem Abenteuer machen, indem ihr die Wege verlasst und du deinen Kindern die Entscheidung überlässt, wo ihr es euch gemütlich macht.

Ein Picknick kann jede Mahlzeit sein

Wir picknicken gerne abends, aber auch ein Mittagessen oder den Nachmittagssnack könnt ihr durch ein Picknick draußen ersetzen. Besonders abenteuerlich wird es, wenn ihr draußen frühstückt. Ein Picknick-Frühstück passt sicherlich nicht zu eurer gewohnten Morgenroutine und genau darum geht es bei Abenteuern: Neues zu erleben. Das kann auch ein ungewohnter Ablauf am Morgen sein.

Was gehört in den Picknickkorb?

Für ein Picknick eignet sich alles, was mit der Hand ohne Besteck gegessen werden kann. Es gibt die tollsten Picknick-Kreationen: von Pizzastangen über Flammkuchen-Sticks oder Mini-Quiches bis hin zu Polenta-Pommes. Suche im Internet einfach nach den Begriffen „*Fingerfood*“ und „*Rezepte*“.

MIKROABENTEUER-TIPP

Wenn es fix gehen muss: Ein Picknick lässt sich auf die Schnelle und ohne viel Vorbereitung organisieren. Dazu eignet sich alles, was der Kühlschrank gerade hergibt: Obst, Gemüsesticks, Aufstriche als Dip, Brot, Brötchen, Brezeln, Wienerle, in Stücke geschnittener Käse usw.

KLEINE TIERE BEOBACHTEN

Mikroabenteuer für Detailverliebte

Jahreszeit Frühling, Sommer, Herbst, Winter
Dauer auf die Schnelle
Alter ab 2
Ihr braucht eine Becherlupe

Es geht los

Eine Tierbeobachtung ist ein Mikroabenteuer, das ihr schnell und ohne jeglichen Aufwand erleben könnt. Im Grunde ist es ein Abenteuer, das vor allem Kleinkinder ohnehin täglich erfahren. Kinder sind kleine Forscher, die ihre Umgebung sehr genau beobachten. Dazu gehört auch der Regenwurm am Boden oder der winzige Käfer auf der Blume, die Kinder immer wieder zum Stehen bleiben bewegen.

Im Alltag haben wir Erwachsenen allerdings nicht die notwendige Zeit, um mit unseren Kindern kleine Tiere im Detail und mit kindlicher Ausdauer zu betrachten. Das kannst du aber ändern.

Sucht euch ein kleines Fleckchen Natur, z. B. eine Wiese, eine Hecke oder ein Waldstück, geht in die Hocke und schon geht es los. Ihr werdet staunen, wie viele Tiere emsig oder langsam hin und her krabbeln und kriechen. Kleine Tiere verstecken sich auch in Bachläufen oder Pfützen. Schaut einmal ganz genau hin.

Kleine Tiere mit allen Sinnen erleben

Wer möchte, darf ein Tier selbstverständlich auch über seine Hände und Arme krabbeln und sich von den kleinen Beinchen kitzeln lassen.

MIKROABENTEUER-TIPP

Bei diesem Mikroabenteuer werdet ihr euch wenig bewegen, weshalb du bei kühlen Temperaturen darauf achten solltest, dass ihr warm angezogen seid oder ab und zu einen kleinen Sprint einlegt. Das wichtigste, um warm zu bleiben, ist die Wärme von innen.

Du kannst für dieses Mikroabenteuer eine Becherlupe einpacken. Damit könnt ihr jedes noch so kleine Detail beobachten.

Was ist, wenn Kinder kleine Käfer in der Becherlupe oder einem Gefäß mit nach Hause nehmen möchten? In meinen Augen ist das kein Problem und es gehört zum Entdecken und Forschen dazu.

BURGEN AUS SAND ODER SCHLAMM BAUEN

Mit den Händen fantasievolle Welten erschaffen

Jahreszeit Frühling, Sommer, Herbst, Winter
Dauer mehrere Stunden
Alter ab 2
Ihr braucht Schaufeln und Eimer, Matschhosen und wasserfeste Schuhe, ein Handtuch

Es geht los

Ein Strand ist zum Bauen von Sandburgen perfekt geeignet, denn dort gibt es Sand, soweit das Auge reicht. Aber auch an Seeufern oder Bachläufen findet ihr sandige Abschnitte und nach ausgiebigen Regentagen verwandeln sich viele Waldwege in matschige Pfade. Selbstverständlich bieten auch Spielplätze jede Menge wunderbaren Sand. Erinnere dich aber daran, dass es bei Mikroabenteuern darum geht, keine vorgegebenen Spielplatzwelten zu besuchen, sondern in die Natur einzutauchen.

Habt ihr eine ordentliche Menge Sand bzw. Schlamm gefunden, könnt ihr direkt mit dem Burgenbauen loslegen. Es geht dabei keinesfalls darum, wie schön, hoch oder groß die Sand- bzw. Schlammwelten werden, sondern mit viel Spaß und Eifer dabei zu sein und das Element Erde bzw. Sand zu erfahren. Wie fühlt sich Matsch in den Händen an? Wie riecht Sand? Wie verhält er sich in nassem oder trockenem Zustand?

Irgendwie geht es auch darum, sich so richtig dreckig machen zu dürfen. Ohne mahnende Worte oder Blicke von uns Erwachsenen. Denn all die Dinge, die im Alltag normalerweise nicht erlaubt sind, fühlen sich verwegen und abenteuerlich an.

An dieser Stelle möchte ich noch einmal betonen, dass du mittendrin sein solltest im Abenteuer und nicht nur in gebührendem Abstand danebenstehst. Knie dich in den Schlamm (auch für Erwachsene gibt es Regenhosen) und bemale als erste deine Nase damit. Deine Kinder werden begeistert sein.

MIKROABENTEUER-TIPP

Über und über mit Sand oder Schlamm bedeckte Kinder wollen wir auf keinen Fall in unser Auto setzen und auch eine Fahrt in öffentlichen Verkehrsmitteln ist uns in solch einem Zustand unangenehm. Packe einen großen Beutel ein, in dem du nach dem Abenteuer die matschigen Kleider verstauen kannst.

DURCH EINEN SOMMERREGEN TANZEN

Freiheit und Sommer am ganzen Körper spüren

Jahreszeit Sommer
Dauer auf die Schnelle
Alter ab 2
Ihr braucht Sommer und Regen

Es geht los

Dieses Mikroabenteuer lässt sich nur schwer planen. Natürlich hilft ein Blick auf die Wetter-App, allerdings geht ein großes Regengebiet im Sommer meist mit weniger sommerlichen Temperaturen einher. An manchen Tagen passt aber alles: Es ist warm und es regnet!

Startet direkt von eurer Haustür aus oder, je nachdem wo ihr wohnt, sucht ihr euch einen Ort mit wenigen Menschen und dann kann es schon losgehen. Tanzt durch den Sommerregen. Nass werden ist dabei selbstverständlich ausdrücklich erlaubt.

MIKROABENTEUER-TIPP

Normalerweise erlauben wir unseren Kindern im Alltag nicht, nass zu werden und durch den Regen zu rennen. Schon gar nicht mit Kleidung am Körper. Das ist ein Grund, warum Kinder nicht unbedingt losstürmen und von einem Tanz im Regen sofort begeistert sind. Tanze ihnen mit gutem Beispiel und einer ordentlichen Portion Humor voran.

Es fühlt sich herrlich an, das Gesicht in den Himmel zu recken und die Regentropfen direkt auf der Haut zu spüren. Wenn ihr mutige Abenteurer seid, die sich ohnehin gerade an einem versteckten Platz in der Natur befinden, könnt ihr euch auch ausziehen. Ja, auch du. Ich garantiere dir, dass ihr euch bis zum nächsten Sommer und darüber hinaus lachend und kichernd genau an diesen einen Sommertag zurückerinnern werdet.

EINEN LAUBHAUFEN BAUEN

Herbstlicher Spaß für wilde und ruhige Kinder

Jahreszeit Herbst
Dauer auf die Schnelle
Alter ab 2
Ihr braucht ohne Ausrüstung möglich

Es geht los

Ein Laubhaufen ist besser als jeder Abenteuerspielplatz und ein wunderschönes Mikroabenteuer für den Herbst, wenn die Tage draußen kürzer und kälter werden. Alles, was ihr dazu braucht, ist ein Wald oder Park mit Laubbäumen, die zu einem großen Teil schon ihre Blätter verloren haben.

Habt ihr eine geeignete Laubstelle gefunden, häuft gemeinsam einen riesigen Laubhaufen an. Das klingt erst einmal wenig abenteuerlich? Ich garantiere dir, dass sich aus der Idee, einen Blätterhaufen zusammenzutragen ganz schnell eine ausgewachsene Laubschlacht entwickeln kann. Falls deine Kids nicht den ersten Wurf machen, fang du damit an.

Ist euer Blätterhaufen richtig groß geworden, könnt ihr darin herumtoben wie in einem Bällebad.

Ein Bett aus Laub

Statt eines Laubhaufens könnt ihr euch an einem Laub-Bett versuchen. Die einfachste Variante ist, einen sehr großen Müllsack mit Laub zu befüllen, wobei der Plastiksack optisch natürlich kein Hingucker ist. Alternativ könnt ihr euch aus Ästen eine Begrenzung bauen, damit das Laub nicht an der Seite wegrutscht. Das erfordert einiges an Geschick und Zeit.

LAUBHAUFEN-SPIELE FÜR RUHIGE MOMENTE

Im Laub zu toben, macht unglaublich viel Spaß und dabei geht es meist wild und laut zu. Ihr könnt aber auch ruhige Momente im Laub erleben. Verstecke im Laubhaufen ein paar Gegenstände aus deinem Rucksack. Deine Kinder müssen diese ertasten und erraten. Oder macht es euch auf eurem Laub-Bett mit einer warmen Decke und einem Buch gemütlich.

DRAUSSEN ÜBERNACHTEN

Eine Nacht unter freiem Himmel schlafen

Jahreszeit Sommer
Dauer eine Nacht
Alter ab 2
Ihr braucht Isomatten und Schlafsäcke, evtl. ein Tarp, genügend Verpflegung

Es geht los

Rufen wir uns noch einmal in Erinnerung, was ein Mikroabenteuer ausmacht: Es ist ein Abenteuer in der Natur, ein kurzes Ausbrechen aus dem Alltag. Es ist kostengünstig, simpel und kurz. Es schweißt euch als Familie zusammen und es nimmt für ein paar wunderschöne Stunden die Hektik aus eurem Leben.

Es kann sein, dass dir die Idee, eine Nacht unter freiem Himmel zu verbringen, erst einmal als das Gegenteil von einfach vorkommt.

Draußen übernachten ist, im Gegensatz zu vielen Mikroabenteuer-Ideen in diesem Buch, ein Abenteuer, das wahrscheinlich auch dich gehörig aus deiner Komfortzone katapultiert. Wenn du allerdings Lust hast, dich einmal auf ein ganz besonderes Erlebnis einzulassen und du es schaffst, die anderen Abenteurer aus deiner Familie mit an Bord zu holen, dann ist das Draußenschlafen ganz sicher ein Erlebnis, von dem ihr noch lange erzählen und im stressigen Alltag zehren könnt.

Auf den folgenden Seiten bekommst du alle wichtigen Tipps, die dir die Organisation dieses Abenteuers erheblich erleichtern. Außerdem habe ich zwei Experten im Draußenschlafen mit Kindern für dich interviewt. Mit ihren Tipps kann nichts mehr schiefgehen. Und wenn doch: Abbrechen, aus welchen Gründen auch immer, ist kein Scheitern. Es ist noch kein Abenteuer-Profi vom Himmel gefallen und genauso wie der Alltag mit Kindern sind auch die Abenteuer mit Kindern unberechenbar. Ein Plan B und eine gehörige Portion Flexibilität sollten ohnehin immer mit in eurem Gepäck sein.

WO KÖNNT IHR DRAUSSEN ÜBERNACHTEN?

Ihr habt grundsätzlich drei Möglichkeiten draußen zu schlafen: auf eurem Balkon, in eurem Garten (oder einem Garten von Freunden) oder in der Natur. Steigert euch langsam, wenn sich für euch eine Übernachtung in der freien Natur eine Nummer zu groß anfühlt. Während die Übernachtung auf dem Balkon oder im Garten wenig Fragen aufwirft, so ist das Übernachten in freier Natur schon eine andere (Gedanken-)Nummer.

Die Hürde aufzubrechen ist viel geringer, wenn ihr für das Draußenschlafen eine Gegend in eurer unmittelbaren Umgebung wählt.

Außerdem gibt euch eine vertraute Umgebung ein Gefühl der Sicherheit, ihr könnt die Beschaffenheit des Geländes besser einschätzen und ihr habt vielleicht sogar schon einen konkreten Schlafplatz im Hinterkopf.

AB WELCHEM ALTER KÖNNEN KINDER DRAUSSEN SCHLAFEN?

Du kannst schon mit sehr kleinen Kindern, auch mit Babys, eine Nacht draußen verbringen. Mit einer Mütze auf dem Kopf, warmen Anziehsachen und eingekuschelt bei dir im Schlafsack haben deine Kinder alles, was sie brauchen. Es ist sehr wahrscheinlich, dass deine Kinder sehr gut schlafen werden, eventuell sogar besser als du selbst.

Ist das Draußenschlafen erlaubt?

Es gibt einen Unterschied zwischen Biwakieren, also dem Schlafen unter freiem Himmel und dem Schlafen in einem Zelt: In einem Zelt wild zu campen ist in Deutschland verboten. Es ist allerdings nicht grundsätzlich verboten, in einem Schlafsack oder einer Hängematte draußen zu übernachten, denn das Betreten des Waldes oder der freien Landschaft zum Zwecke der Erholung ist gestattet (§ 59 des Bundesnaturschutzgesetzes und § 14 des Bundeswaldgesetzes). Schlaf ist Erholung und das mehrstündige Schlafen, auch über Nacht, ist nicht explizit verboten.

In Naturschutzgebieten und Nationalparks ist aber auch das Biwakieren streng untersagt. Zudem gibt es Gebiete, in denen die Natur einen besonderen Schutz genießt. Beim Bundesamt für Naturschutz gibt es eine Online-Karte mit den verschiedenen Schutzgebieten: https://geodienste.bfn.de/schutzgebiete.

Was man im Detail wo in der Natur darf, ist pro Bundesland geregelt. So dürfen in Schleswig-Holstein und Hessen die Wege im Wald nachts nicht verlassen werden und in Berlin sind im Waldgesetz nicht nur das Zelten, sondern auch ähnliche Lagerstätten wie ein Tarp, verboten.

Gesetze und Schutzgebiete können sich jederzeit ändern, weshalb du vor einer Nacht unter freiem Himmel die aktuellen Regelungen prüfen solltest.

Wenn du den Besitzer eines Wald- oder Seegrundstücks ausfindig machen kannst, dann frag doch freundlich nach, ob ihr eine Nacht dort schlafen dürft. Alternativen sind außerdem „1Nite Tent“ (https://1nitetent.com/; dort bieten Privatpersonen ihre Grundstücke zum Übernachten an) oder offizielle Trekking- und Biwakplätze. Diese sind noch sehr rar gesät, aber eine großartige Möglichkeit naturnah und abseits von Campingplätzen zu übernachten.

Ausrüstung

Für das Schlafen in der freien Natur braucht ihr eine Isomatte, einen Schlafsack und eventuell ein Tarp.

Im Folgenden gebe ich dir ein paar Tipps für den Kauf von Isomatte oder Schlafsack. Dieses Buch kann allerdings nicht die Beratung in einem gutem Outdoor-Geschäft ersetzen. Zudem hat jeder von uns ein sehr individuelles Empfinden, was z. B. Kälte oder Bequemlichkeit anbelangt.

Isomatte und Schlafsack

Ein Familienlager könnt ihr euch auch unter freiem Himmel schaffen, indem ihr Isomatten miteinander verbindet. Bei einer Isomatte mit rechteckiger Form funktioniert das sehr einfach. Bedenke außerdem, dass eure Isomatte einiges aushalten muss, denn du bist mit Kindern unterwegs.

Ganz kleine Kinder kannst du in deinem Schlafsack schlafen lassen. Werden die Kinder älter, möchten aber draußen noch deine Nähe spüren, könnt ihr zwei Schlafsäcke an den Reißverschlüssen miteinander verbinden. Du solltest deshalb beim Kauf darauf achten, dass ein Schlafsack den Reißverschluss links und der andere den Reißverschluss auf der rechten Seite hat. Besitzt du schon Schlafsäcke, allerdings von verschiedenen Herstellern, dann schau gleich mal nach, ob es dennoch funktioniert.

Tarp

Ein Tarp ist eine einfache Plane, die mit Ösen versehen wurde. Es ist nicht geschlossen wie ein Zelt, schützt dich draußen dennoch vor Wind und Regen. Es gibt verschiedene Aufbauvarianten für ein Tarp. Je nach Variante benötigst du Heringe, Schnüre und Aufstellstangen. Das klingt jetzt erst einmal kompliziert, ist aber einfacher, als es sich anhört. Wenn du ein Seil um einen Baum knoten kannst, kannst du auch ein Tarp aufspannen. Da sich das gute Wetter und ein leerer Terminkalender leider selten absprechen, ist ein Tarp eine sinnvolle Anschaffung, wenn ihr öfters draußen übernachten wollt.

Packliste und Verpflegung

Eine ausführliche Packliste für das Draußenschlafen mit Kindern findest du auf www.adailytravelmate.com/packliste-mikroabenteuer. Du kannst die Liste ausdrucken, mit Notizen versehen und an deinen Kühlschrank, deine Pinnwand oder Haustür hängen.

Bedenke, dass ihr beim Draußenschlafen ausreichend Verpflegung (Essen und Trinken) dabeihabt. Ihr braucht auf jeden Fall ein Abendessen, ein Frühstück und für dazwischen genügend Snacks. Du kannst eine Nacht im Freien wunderbar mit Draußenkochen verbinden. Wenn dir Aufwand und Gepäck zu viel werden, beschränke dich auf Verpflegung, die du schon daheim vorbereitet hast (Muffins, Müsli-Riegel, Brot, Nudelsalat) oder Speisen, die du nur mit warmem Wasser aufgießen musst (Couscous-Allerlei, Kartoffelbrei-Pulver).

Bedenke, dass Essen Tiere anlocken kann. Verstaut all eure Essensreste in Beuteln und dann in eurem Rucksack oder eurer Tasche.

EINE SELBSTVERSTÄNDLICHKEIT FÜR ALLE DRAUSSEN-LIEBHABER

Verhaltet euch immer respektvoll gegenüber der Natur. Nehmt euren Müll wieder mit, macht keinen allzu großen Lärm, vergrabt eure Hinterlassenschaften, macht kein Feuer. Am besten ist nach eurer Abreise nicht erkennbar, dass eine kleine Gruppe Abenteurer gerade eine aufregende Nacht in der Natur verbracht hat.

DIE BESTEN TIPPS ZUM DRAUSSENSCHLAFEN MIT KINDERN VON PROFIS

Interview mit Jana und Patrick Heck, die mit ihrem Buch „Ausgebüxt" und ihrer monatlichen „Ausgebüxt-Post" Natur und Abenteuer in den trubeligen Alltag von Familien bringen.

Wann seid ihr das erste Mal auf die Idee gekommen, draußen zu schlafen?

Wir hatten eine Mehrtagestour im Schwarzwald geplant und keine Lust auf Campingplatz. Also haben wir entschieden, die Nächte ohne Zelt draußen zu verbringen. Es war sternenklar, wir lagen mit nichts als Isomatten und Schlafsack unterm Firmament und wollten jede Sekunde aufsaugen: Eine neue Leidenschaft war geboren!

Hat sich beim draußen übernachten mit Kindern etwas für euch geändert?

Es hat sich so viel verändert: Wir sind lange nicht so spontan wie früher, als wir um 22 Uhr kurz vorm Zubettgehen doch noch unsere sieben Sachen gepackt haben und eine Stunde später im Wald eingeschlummert sind. Weil unsere Kinder noch klein sind, haben wir höhere Ansprüche ans Wetter und übernachten nur draußen, wenn es einigermaßen trocken ist und nicht kälter als 10 °C. Außerdem sind Planung und Organisation für uns mit Kindern sehr viel anspruchsvoller, vor allem für Transport und Verpflegung. Was allerdings bleibt, ist das unvergleichliche Gefühl von Entspannung und Zufriedenheit, wenn wir draußen sind, unser Lager einrichten, die Nacht unter freiem Himmel verbringen und morgens mitten in der Natur aufwachen.

Nach welchen Kriterien wählt ihr eure Schlafplätze aus?
Noch von Zuhause aus stellen wir sicher, dass unser Ziel nicht im Naturschutzgebiet liegt. Auch landwirtschaftlich genutzte Flächen sind zum Übernachten tabu. Vor Ort halten wir dann Ausschau nach einladenden, geschützten Plätzen. Das Gelände sollte eben sein, der Schlafplatz nicht zu nah am Weg oder stehenden Gewässern (Stechmücken!). Außerdem empfehlen wir immer auch einen Blick nach oben in die Baumkronen zu werfen: Hängen tote Äste im Baum? Wirken die Bäume morsch und krank?

Welche drei praktischen Tipps könnt ihr Familien, die das erste Mal draußen schlafen, mit auf den Weg geben?

1. **Runter mit den Ansprüchen!** Eine laue Sommernacht mit atemberaubender Aussicht, hunderten Glühwürmchen, weichem Moos und Sternschnuppen am Himmel ist wunderschön – die Wahrscheinlichkeit sie tatsächlich zu erleben aber eher gering. Indem ihr die Ansprüche an euer erstes Übernachtungsabenteuer klein haltet, werdet ihr womöglich überrascht statt enttäuscht.
2. **Viiieeel Zeit.** Ausreichend Zeit einzuplanen und einen Plan B parat zu haben ist das A und O für ein stressfreies Draußenabenteuer mit Kindern. Im besten Fall seid ihr schon nachmittags am Schlafplatz, habt genügend Zeit euch das Nachtlager einzurichten, euer Lieblingsessen zu kochen und euch auf die Dunkelheit einzustellen.
3. **Vertraute Umgebung.** Besonders fürs erste Mal Draußenschlafen empfehlen wir, eine Gegend und einen Ort zu wählen, der allen vertraut ist. Eine vertraute Umgebung schafft so viel Entspannung und Sicherheit, dass ihr euch ganz auf das Hier und Jetzt einlassen könnt.

Was ist euer Tipp für den Umgang mit Ängsten?

Meistens ist Angst vorm Übernachten im Wald ein Elternding, weil sie früher zu viele Horrorfilme geschaut haben. Bei den meisten Kindern überwiegt beim Draußenschlafen die Freude und das Gefühl ein ganz besonderes Abenteuer zu erleben. Die Ängste vor Kriminellen, hinterhältigen Insekten und tollwütigen Wildschweinen werden in unseren großen Köpfen geboren. Das macht sie nicht kleiner, aber die Erkenntnis hilft für den Umgang mit ihnen. In einem ersten Schritt bewirkt es schon sehr viel, sich die konkrete Angst anzuschauen und Wissen darüber zu sammeln. Denn meist haben unsere Ängste nicht viel mit der tatsächlichen Situation zu tun. Ein gutes Beispiel dafür sind die Wildschweine: Ja, sie sind stark, schnell und haben verdammt scharfe Hauer. Aber: Sie riechen uns schon von weitem und sind sehr scheue Tiere. Die Wahrscheinlichkeit, dass eine Wildschweinrotte im Wald schlafende Menschen angreift, geht also gegen null. Wir wissen aber auch, dass die Ängste, trotz allem Wissen, nachts draußen leicht wieder in unseren Köpfen aufploppen. In dem Fall hilft es, die Aufmerksamkeit ganz bewusst auf das zu richten, was wirklich gerade passiert, statt den Angstgedanken zu folgen. Was sehe ich? Was rieche ich? Was höre ich? Eine Nacht inmitten der anderen Waldbewohner zu verbringen ist etwas Besonderes: ein Reh, das sich bis auf zehn Meter nähert, ein Waldkauz, der über uns in den Baumwipfeln ruft – das dürfen wir genießen!

Warum ist das Draußenschlafen ein Abenteuer, das jede Familie einmal ausprobiert haben sollte?

Weil es Eltern und Kinder miteinander voll ins Hier und Jetzt katapultiert! Viele Alltagsanspannungen lösen sich während so einem Abenteuer auf. Was bleibt, ist eine wunderschöne gemeinsame Naturerfahrung mit Reduktion auf das Wesentliche: Essen, Schlafen, Bewegung und Zeit füreinander.

BAUMGESICHTER BASTELN

Lustige Weggefährten aus Mehl, Wasser und Naturmaterialien

Jahreszeit Frühling, Sommer, Herbst, Winter
Dauer auf die Schnelle
Alter ab 2
Ihr braucht Wasser, Mehl, eine Schüssel

Es geht los

Dieses Mikroabenteuer macht großen und kleinen Abenteurern besonders viel Spaß, denn es ist eine lustige Mischung aus backen und basteln in der Natur. Keine Sorge, der Mehl-Wasser-Kleber ist unbedenklich für die Natur.

Alles, was ihr dazu braucht, ist ein Baum und verschiedene Naturmaterialien. Du musst dafür auch nicht in einen Wald spazieren, denn Bäume finden sich nahezu überall – auch in der Stadt.

Mehl-Wasser-Kleber herstellen

Verrührt in einer Schüssel mit einem Stock 1 Tasse Mehl mit 1 Tasse Wasser, bis ein glatter, klebriger Teig entsteht. Selbstverständlich könnt ihr den *Kleber* auch schon zuhause herstellen und in einem gut verschlossenen Gefäß mitnehmen.

Naturmaterialien sammeln

Für die Baumgesichter sammelt ihr Blätter, kleine Stöcke, Gras, Eicheln, Moos, einfach alles, was ihr zur aktuellen Jahreszeit findet. Je leichter, desto besser kleben die Materialien am Baum.

Baumgesichter basteln

Bringt den Mehl-Wasser-Kleber an einer möglichst glatten Stelle des Baumstamms an und klebt mit den Naturmaterialien lustige Gesichter. Ihr könnt zum Anbringen Stöcke oder Blätter verwenden oder du hast einen Löffel im Gepäck.

MIKROABENTEUER-TIPP

Der Mehl-Wasser-Kleber klebt nicht nur an Bäumen, sondern auch gerne an den Händen fest. Packe genügend Wasser ein, damit ihr euch nach dem Abenteuer eure Hände einigermaßen sauber waschen könnt.

STEINMÄNNCHEN BAUEN

Steine statt Bauklötze stapeln an der frischen Luft

Jahreszeit Frühling, Sommer, Herbst, Winter
Dauer auf die Schnelle
Alter ab 2
Ihr braucht ohne Ausrüstung möglich

Es geht los

Euch fällt daheim die Decke auf den Kopf und deine Kinder haben keine Lust mehr auf ihr Spielzeug? Dann wird es Zeit an die frische Luft zu gehen und dort Steinmännchen zu bauen.

Steinmännchen sind aufeinander gestapelte Steine, die ihr überall dort bauen könnt, wo ihr viele Steine findet, was meist an Bachläufen oder an manchen Stränden der Fall ist. Je flacher die Steine, desto einfacher lassen sie sich stapeln. Beginnt mit dem größten Stein und lasst die Steintürme nach oben hin immer kleiner werden. Oder auch nicht, denn euren Baukünsten und Ideen sind natürlich keine Grenzen gesetzt.

Es ist übrigens gar nicht so einfach, hohe Steinmännchen zu bauen, die nicht umfallen. Das Steine-Stapeln am rauschenden Wasser hat durchaus etwas Meditatives.

STEINMÄNNCHEN-WISSEN

Steinmännchen wurden früher als Wegweiser in unwegsamem Gelände aufgestellt, weshalb man sie häufig in Hochgebirgen überall auf der Welt finden kann. In Skandinavien wiederum werden Wanderer mit den Steinmännchen vor bösen Trollen geschützt.

In der Vergangenheit gab es Warnungen von Umweltschützern, dass Steinmännchen der Natur schaden und auf das Bauen verzichtet werden sollte. Massenhaft Steine an einer Stelle zu entfernen und anderswo wieder aufzubauen, ist ein Eingriff in die Natur. Auch das Errichten des hundertsten Steinmännchen neben bereits 99 anderen, kann eine Landschaft nachhaltig verändern. Ob ein paar Steinmännchen am Bach um die Ecke der Umwelt schaden, musst du letzten Endes selbst entscheiden.

BARFUSSLAUFEN

Große und kleine Füße auf Erkundungstour

Jahreszeit Frühling, Sommer, Herbst, Winter
Dauer auf die Schnelle
Alter ab 3
Ihr braucht ein kleines Handtuch

Es geht los

Barfußlaufen ist eine Wohltat für unsere Füße und unsere Sinne und ist obendrein die natürlichste Art, um sich fortzubewegen. Wir Eltern sind viel zu oft besorgt, dass der Untergrund für zarte Kinderfüße zu hart oder zu kalt ist. Dabei wissen Kinder intuitiv, was gut für sie ist, anders ist die Abneigung gegen Schuhe, die sehr viele Kinder an den Tag legen, nicht zu erklären.

Barfußlaufen ist ein Mikroabenteuer, das ihr überall erleben könnt. Einfach raus aus den Schuhen und Socken und schon geht es los. Eure Füße werden die neugewonnene Freiheit lieben!

Spürt die Natur unter euren Fußsohlen: das Kitzeln von Gras, den warmen Sand zwischen den Zehen, den Matsch, der die Füße umschließt oder das Piksen des Waldbodens.

Barfußlaufen ist eine Sache der Übung. Ihr setzt euren Fuß dabei anders auf und unsere Füße, die normalerweise immer in Schuhen stecken, sind anfangs sehr empfindlich. Lauft zu Beginn nur so lange barfuß, wie es sich gut für euch anfühlt.

Barfußlaufen im Frühling, Herbst und Winter

Sommer und Barfußlaufen gehören für viele von uns untrennbar zusammen. Dabei könnt ihr das ganze Jahr über dieses Gefühl von Freiheit spüren. Sogar im Winter. Einmal mit nackten Füßen über den kalten Boden oder durch den eisigen Schnee laufen, regt die Blutzirkulation an und stärkt das Immunsystem. Barfußlaufen in der kalten Jahreszeit hilft gegen Erkältungen, statt diese zu fördern!

MIKROABENTEUER-TIPP

Baut euch euren eigenen Barfußpfad. Die Materialien dazu findet ihr überall in der Natur: Gras, Blätter, Tannenzapfen, Stöcke, Rinde, verschiedene Steine, Sand, Matsch, Tannenzweige usw. Habt ihr alle Materialien zusammen, legt euch euren eigenen Barfußpfad. Eurer Kreativität sind dabei keine Grenzen gesetzt und am Ende geht es darum, mit euren Füßen bzw. Sinnen verschiedenste Untergründe zu spüren.

EINEN SONNENUNTERGANG ANSCHAUEN

Den Tag bei einem besonderen Naturschauspiel ausklingen lassen

Jahreszeit Frühling, Sommer, Herbst, Winter
Dauer mehrere Stunden
Alter ab 3
Ihr braucht eine Decke oder eine Hängematte und evtl. warme Kleidung

Es geht los

Einen Sonnenuntergang gemeinsam in der Natur zu erleben, ist ein wunderschönes Mikroabenteuer und ein entspannender Abschluss für jeden Draußen-Tag.

Die aktuelle Zeit für den Sonnenuntergang kannst du jeder Wetter-App entnehmen.

Bevor ihr zu eurem Mikroabenteuer aufbrecht, solltest du vorab einen geeigneten Platz recherchieren. Besonders eindrucksvoll ist ein Sonnenuntergang, wenn ihr leicht erhöht sitzt, eine weite Sicht Richtung Westen habt und der Himmel nahezu wolkenlos ist.

Selbstverständlich eignet sich jedes andere Fleckchen Natur, um den Tag gemeinsam ausklingen zu lassen, genauso gut – auch ohne die Sonne direkt hinter dem Horizont verschwinden zu sehen. Sogar im Wald ist der Wechsel vom Tag zur Nacht ein besonderer Moment.

Macht es euch auf einer Decke oder in einer Hängematte gemütlich und kommt zur Ruhe. Beobachtet gemeinsam, wie sich die Umgebung mit der Dämmerung ändert. Spürt, wie die Luft kühler wird, schaut hin, was mit den Farben passiert und wie die Schatten länger werden. Lauscht, ob sich die Geräusche verändern.

MIKROABENTEUER-TIPP

Bleibt einfach ein wenig länger, wenn die Müdigkeit noch nicht allzu groß ist, und beobachtet gemeinsam, wie ein Stern nach dem anderen am Himmel erscheint.

Selbstverständlich lässt sich dieses Naturschauspiel auch umgekehrt erleben. Für alle Frühaufsteher-Familien lohnt es sich, den Wecker noch ein wenig früher zu stellen, den gepackten Rucksack zu schnappen und gemeinsam den Tag bei einem Sonnenaufgang zu starten.

ESSBARE WILDE PFLANZEN PFLÜCKEN

Natur mit dem Geschmackssinn erleben

Jahreszeit Frühling, Sommer, Herbst,
Dauer auf die Schnelle
Alter ab 3
Ihr braucht einen kleinen Beutel für eure Sammlung

Es geht los

Im Frühling erwacht die Natur und überall wächst und sprießt es. Ab jetzt und bis in den Herbst hinein könnt ihr euch auf die Suche nach Pflanzen machen, die ihr verkosten bzw. für Rezept-Variationen nutzen könnt.

Wilde Pflanzen wachsen überall, auch in der Stadt! Sie dürfen überall gepflückt werden, außer in Naturschutzgebieten. Am besten sammelt ihr nur so viel, wie ihr wirklich braucht, damit noch andere

Mikroabenteurer etwas davon haben und ihr euch auch nächstes Jahr daran erfreuen könnt.

Du musst keine ausgewiesene Expertin auf dem Gebiet der wilden Pflanzen sein, denn es gibt eine Handvoll essbarer Pflanzen, die nahezu jeder von uns kennt bzw. die du jetzt kennenlernen wirst.

Holunder

Der süße Duft der weißen Holunderblüten ist unverwechselbar. Die Blüten duften nicht nur herrlich, sondern schmecken auch lecker. Ab ca. Mitte Mai bis Juni/Juli könnt ihr die sogenannten Dolden vom Strauch pflücken, der bevorzugt an halbschattigen Waldrändern wächst.
Aus den Blüten lassen sich leckerer Sirup und Marmelade kochen. Ihr könnt die Blüten aber auch direkt unterwegs in der Outdoor-Küche vernaschen, indem ihr zum Beispiel Holunderblüten-Küchlein backt.

Bärlauch

Wenn ab April ein unverkennbarer Geruch nach Knoblauch in der Luft liegt, dann liegt es nicht daran, dass jemand von euch zu viel Knoblauch gegessen hat, sondern daran, dass der Bärlauch da ist.

Vorsicht ist beim Sammeln und Zubereiten geboten, da der Bärlauch den *giftigen Herbstzeitlosen* und *Maiglöckchen* sehr ähnlichsieht. Um auf Nummer sicher zu gehen, zerreibt ihr die Blätter zwischen zwei Fingern. Steigt euch dabei Knoblauchgeruch in die Nase, haltet ihr Bärlauch in den Händen.
Aus den Blättern lässt sich leckeres Pesto oder auch Kräuterbutter zubereiten. Für unterwegs könnt ihr z. B. Toast in einer Pfanne warm machen, Butter oder Frischkäse darauf streichen und mit zerkleinertem Bärlauch bestreuen.

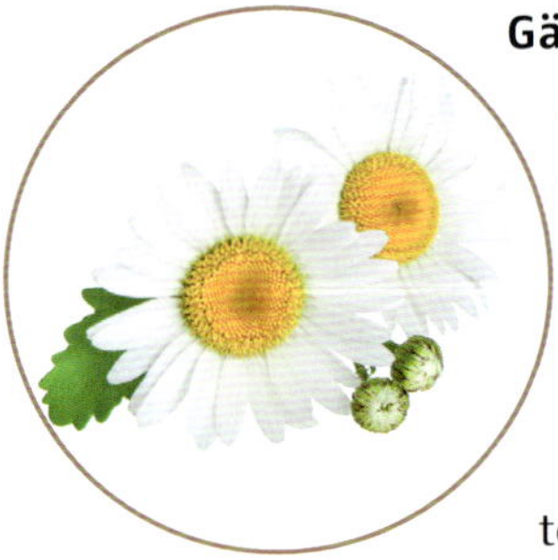

Gänseblümchen

Gänseblümchen sind nahezu unverwechselbar. Sie wachsen auf sonnigen Wiesen und blühen von März bis November. Wer fleißig sammelt, kann aus den Blüten einen Sirup zubereiten. Sie können aber auch einfach roh gegessen werden als Dekoration auf einem Salat, einem Kuchen oder einem Brot mit Butter oder Frischkäse.

Fichtenspitzen

Habt ihr schon einmal Fichte gegessen? Die jungen, hellgrünen Fichtentriebe könnt ihr im Mai und Juni direkt roh vom Baum naschen. Sammelt nur so viele Fichtentriebe, wie ihr selbst verbrauchen wollt und zupft nur junge Triebe von älteren, ausgewachsenen Fichten.

Mit dem Merkspruch „Die Fichte sticht, die Tanne nicht" könnt ihr die beiden Bäume auseinanderhalten.

Der beste Outdoor-Snack für unterwegs, der ganz sicher alle Skeptiker überzeugt, sind Fichtenspitzen mit Schokolade. Entweder ihr schmelzt unterwegs Kuvertüre im Wasserbad und taucht die Spitzen dort ein oder ihr entscheidet euch für die einfache Variante, indem ihr eine Nuss-Nougat-Creme und ein Messer dabeihabt.

Vorsicht beim Sammeln, denn die *giftige Eibe* ähnelt der Fichte! Allerdings hat die Eibe deutlich plattere Nadeln.

Brennnessel

Auf die Idee, Brennnesseln zu essen, bist du wahrscheinlich noch nicht gekommen. Das ist wenig verwunderlich, denn sicherlich hast auch du bereits schmerzhafte Erfahrungen mit dieser Pflanze gemacht. Damit ihr beim Pflücken nicht gestochen werdet, sammelt die Blätter am besten mit Handschuhen. Ende April bis Juni treibt die Brennnessel in der Regel besonders große Blätter aus, die du ernten kannst. Brennnesseln findest du vor allem an Waldrändern, auf Wiesen und generell an halbschattigen Plätzen in der Natur.

Um die Brennnessel essen zu können, müsst ihr vor dem Verzehr die Brennhaare abbrechen. Für unterwegs eignen sich die folgenden beiden Möglichkeiten am besten:

1. Koche die Brennnessel kurz in Wasser auf.
2. Rolle die gesammelten Blätter mit einem Nudelholz oder einem sehr dicken Ast durch, am besten zwischen zwei Küchentüchern.

Aus Brennnesseln lässt sich in der Küche einiges zaubern: von Pesto über Suppen und Risotto bis hin zu Brotaufstrichen. Unterwegs könnt ihr die präparierten Brennnesseln auch roh naschen, was am Anfang sicherlich einer Mutprobe gleichkommt.

VORSICHT, GIFTIG

Ihr solltet nur Pflanzen sammeln und essen, die du sicher kennst und die du zweifelsfrei von möglichen giftigen Doppelgängern unterscheiden kannst.

KOCHEN IN DER NATUR

Ein Festmahl an der frischen Luft zubereiten

Jahreszeit Frühling, Sommer, Herbst, Winter
Dauer mehrere Stunden
Alter ab 3
Ihr braucht Thermoskanne oder einen Kocher, Geschirr und Besteck, Zutaten für euer Rezept

Welches Equipment es für das Draußenkochen gibt, erfährst du in dem Kapitel *Outdoor-Küche*.

Es geht los

Das Draußenkochen ist die großartige Steigerung eines Picknicks, es ist neu und ungewöhnlich und somit ganz klar ein Abenteuer.

Ihr könnt euch jede beliebige Mahlzeit unter freiem Himmel zubereiten. Warum also nicht mal etwas wagen und die Kinder zeitig wecken, damit ihr den Tag mit einem draußen zubereiteten, warmen Porridge in der Natur startet?

Rezepte fürs Draußenkochen mit heißem Wasser

Für eure ersten warmen Mahlzeiten in der Natur musst du gar nicht viel vorbereiten. Eine Thermoskanne mit heißem Wasser, Löffel, eine große Schüssel und ein paar Zutaten sind völlig ausreichend.

PORRIDGE FÜR DRAUSSEN – FÜR 2 PERSONEN

Zutaten:

- 300 ml warmes Wasser
- 140 g zarte Haferflocken
- 40 g Milchpulver
- 10 g getrocknete Früchte
- Salz, Zimt & Honig nach Belieben

Anleitung:

Das warme Wasser in eine Schüssel geben und alle Zutaten einrühren. Eventuell mit Honig süßen und mit frischen Früchten, Trockenfrüchten oder Nüssen verfeinern. Schmeckt zu jeder Tageszeit lecker.

COUSCOUS MIT GEMÜSE-ALLERLEI – FÜR 4 PERSONEN

Couscous ist das perfekte Essen für Mikroabenteurer, denn er schmeckt lecker und du brauchst dafür nur heißes Wasser.

Zutaten:

- 200 g Couscous
- 300 ml heißes Wasser
- Feta
- Salz, Pfeffer
- Gemüse nach Belieben. Ihr könnt das Gemüse gemeinsam in der Natur schneiden oder ihr bereitet daheim schon alles vor. Es eignen sich getrocknete Tomaten, frische Cocktail-Tomaten, Oliven, Gurken, Frühlingszwiebeln usw.

Anleitung:

Couscous mit dem Wasser aufgießen und mit einem halben Teelöffel Salz aufquellen lassen. Anschließend mischt sich jeder seine Portion Couscous nach Belieben und würzt mit Salz oder Pfeffer entsprechend nach.

Rezepte für das Draußenkochen mit Kocher

Besonders gut für Mikroabenteurer eignen sich sogenannte One-Pot-Gerichte, denn dafür brauchst du nur einen großen Topf, in dem alle Zutaten wie Gemüse, Nudeln und Reis zusammen garen. Befrage einfach das Internet nach „*One-Pot-Rezepten*“ und du wirst eine Fülle an Ideen finden. Alternativ kannst du überlegen, was deine Kinder besonders gerne essen und daraus eine einfache Draußenkoch-Variante kreieren.

Wenn ihr essbare Wildkräuter, Pilze oder Beeren gesammelt habt, könnt ihr diese gleich mitverarbeiten.

Für das Draußenkochen mit Kocher sucht ihr euch einen Platz in der Natur, an dem das Kochen erlaubt ist, denn offenes Feuer und dazu zählen auch Gaskocher, ist z. B. im Wald nur an ausgewiesenen Feuerplätzen möglich.

KARTOFFELGULASCH – FÜR 2 PERSONEN

Ein Rezept für die Outdoor-Küche, das garantiert funktioniert:

Zutaten:

- 5 Kartoffeln
- 1 Zwiebel
- 1 Packung Frischkäse (mit oder ohne Geschmack)
- ca. 200 g Würstchen (Wienerle, Frankfurter)
- Wasser, Paprika, Salz, Essig, Pfeffer und Öl

Anleitung:

Zwiebeln, Kartoffeln und Würstchen in Würfel scheiden. Brate die Zwiebeln im Topf an, anschließend gibst du die Kartoffel und ca. eine halbe Tasse Wasser dazu. Koche die Kartoffeln am besten mit einem Deckel 10 Minuten lang. Danach gibst du die Würstchen dazu und würzt alles mit Salz, Pfeffer und Paprika. Bei Bedarf kannst du noch etwas Wasser dazugeben. Wenn die Kartoffeln weich werden, rührst du den Frischkäse ein.

Guten Appetit.

WALDBINGO SPIELEN

Auf die Suche fertig los!

Jahreszeit Frühling, Sommer, Herbst, Winter
Dauer auf die Schnelle
Alter ab 3
Ihr braucht einen Stift und eine Waldbingo-Vorlage

Es geht los

Eine Runde Waldbingo spielen ist eine wundervolle Beschäftigung, wenn du schnell mit deinen Kindern raus möchtest. Die Vorlage kann dabei überall zum Einsatz kommen: im Wald, auf der Wiese oder auch im Stadtpark. Dabei geht es darum, die auf der Vorlage abgebildeten Gegenstände und Tiere zu finden und durchzustreichen.

Augen auf: Ihr werdet erstaunt sein, was es alles zu entdecken gibt auf einer Runde, von der ihr dachtet, ihr kennt sie schon auswendig.

Die Waldbingo-Vorlage kannst du dir unter www.adailytravelmate.com/waldbingo/ runterladen.

TIERE BEOBACHTEN

Ein Safari-Abenteuer erleben

Jahreszeit Frühling, Sommer, Herbst, Winter
Dauer mehrere Stunden
Alter ab 3
Ihr braucht evtl. ein Fernglas und ein Tierbestimmungsbuch

Es geht los

Tiere zu beobachten ist ein Safari-Abenteuer, das ihr direkt von eurer Haustüre aus starten könnt. Nicht nur in fernen Ländern leben wilde Tiere, sondern auch bei uns!

Für dieses Mikroabenteuer benötigt ihr ein ruhiges Fleckchen Natur (am besten ein Waldgebiet) und Geduld. Macht es euch auf dem Waldboden gemütlich, verhaltet euch so leise ihr könnt und wartet eine Weile ab. Es wäre gut, wenn jetzt erstmal keiner von euch Hunger oder Durst hat oder auf die Toilette muss.

Die ersten Vögel werden sicherlich nicht lange auf sich warten lassen und vielleicht könnt ihr einem Specht beim Klopfen lauschen. Mit etwas Glück beobachtet ihr emsige Eichhörnchen bei der Arbeit und seht sogar Rehe. Auch Begegnungen mit Waldmäusen, Igel und mit jeder Menge Ameisen und Käfern sind im Wald keine Seltenheit.

Ein kleines Fernglas und ein Vogel- oder Tierbestimmungsbuch machen eure Abenteuer-Ausrüstung für dieses Mikroabenteuer perfekt.

VOGELBESTIMMUNGS-APP ODER BUCH

Du sollst aus einem Mikroabenteuer keinen Lehrausflug machen. Wenn es euch aber allen Spaß bereitet, bei euren Ausflügen etwas dazuzulernen, dann nichts wie los. Vor allem Vögel sind in unserer Natur allgegenwärtig und wer einmal genauer hinschaut bzw. hinhört, der wird merken, wie vielfältig unsere Vogelwelt ist. Der Vogelführer von Kosmos kann euch helfen, entdeckte Vögel zu bestimmen und etwas über sie zu lernen. Das Buch gibt es auch als kostenpflichtige App mit über 700 Arten und enthält unter anderem auch Verbreitungskarten und Vogelgesänge.

BLIND DURCH DEN WALD FÜHREN LASSEN

Die Natur hören und riechen

Jahreszeit Frühling, Sommer, Herbst, Winter
Dauer auf die Schnelle
Alter ab 3
Ihr braucht ein Tuch, um die Augen zu verbinden

Es geht los

Ein Mikroabenteuer kann ein wunderbares Erlebnis für alle Sinne sein. Um euren Gehör- und Geruchssinn zu stimulieren, könnt ihr euch blind durch den Wald führen lassen.

Dazu benötigt ihr ein Tuch im Rucksack, um euch die Augen zu verbinden. Am besten funktioniert dieses Mikroabenteuer auf einem Waldstück mit einfachen Wegen ohne Wurzeln oder Steine.

Sich blind führen zu lassen, ist zunächst ungewohnt und Kinder werden anfangs häufig kichern und lachen. Versucht aber, so leise wie möglich zu sein, um noch mehr Geräusche um euch herum wahrzunehmen.

Tauscht unterwegs die Rollen und lass dich von deinen Kindern führen. Selbstverständlich können große Geschwister auch kleine Geschwister führen, wenn sich beide Kinder dazu bereit fühlen.

REIZÜBERFLUTUNG STOPPEN

Im Alltag sind wir permanent Reizen ausgesetzt, die verarbeitet werden müssen. Dieses Mikroabenteuer verringert die Reizüberflutung und lenkt die Aufmerksamkeit ganz bewusst auf den Gehör- und Geruchssinn. Statt sich blind durch den Wald führen zu lassen, könnt ihr euch auch ein Plätzchen im Wald suchen, eine Picknickdecke ausbreiten und es euch für mindestens 10 Minuten mit verbundenen Augen dort gemütlich machen. Im Anschluss sprecht ihr darüber, was ihr wahrgenommen habt.

MÜLL SAMMELN

Kleine Aufräumaktionen für eine saubere Natur

Jahreszeit Frühling, Sommer, Herbst, Winter
Dauer auf die Schnelle
Alter ab 3
Ihr braucht eine Mülltüte und eine Grillzange

Es geht los

Dieses Mikroabenteuer klingt erst einmal sonderbar, findet bei Kindern aber häufig viel Anklang. Müll ist allgegenwärtig und ihr müsst in der Natur nie lange danach suchen. Leider.

Mit einer Grillzange und einer Tüte ausgestattet geht es los. Dank der Grillzange müsst ihr den Müll nicht mit den Händen anfassen. Bei uns gibt es beim Müll sammeln zwei Regeln: Glasscherben und Zigaretten-Kippen bleiben liegen, da ich Sorge habe, dass meine jungen Kinder diesen Müll mit der Hand aufheben wollen.

Ihr könnt Müll sammeln auch als Anreiz nehmen, zusammen rauszugehen. Viel frische Luft, Bewegung und das großartige Gefühl, eure tägliche Spaziergang-Runde ein wenig sauberer gemacht zu machen, sind euch dabei garantiert.

Beim Müll sammeln nehmt ihr eure Umgebung noch einmal anders wahr und könnt anschließend zu Recht stolz auf euch sein. Kinder lieben es, Verantwortung zu übernehmen und sich wirksam zu fühlen. Das ist der Grund, warum Kinder tatsächlich immer wieder Lust auf dieses Mikroabenteuer haben.

MÜLL SAMMELN BEDEUTET NACHHALTIGE UMWELTERZIEHUNG

Wie wichtig es ist, keinen Müll in die Natur zu schmeißen bzw. Müll zu vermeiden, verinnerlichen Kinder am besten, wenn sie sehen, wie viel Müll allein an einem Nachmittag beim Sammeln zusammenkommt.

Mittlerweile gibt es immer wieder sogenannte *Cleanups*, bei denen Menschen zusammenkommen und gemeinsam Müll sammeln. Vielleicht gibt es auch bei dir in der Nähe so ein Event. Dann könnt ihr gemeinsam mit anderen Menschen, denen die Natur am Herzen liegt, eure Stadt oder eure Umgebung vom Müll befreien.

EIN IGLU BAUEN

Ein Abenteuerhaus aus Schnee und Eis

Jahreszeit Winter
Dauer mehrere Stunden
Alter ab 3
Ihr braucht jede Menge Schnee, Schaufeln und evtl. Eimer

Es geht los

Wenn es draußen dicke Schneeflocken schneit, leuchten Kinderaugen und die Motivation zum Rausgehen ist hoch. Es werden Schneemänner gebaut, Schneeballschlachten veranstaltet und auch Schlittenfahrten stehen hoch im Kurs.

Habt ihr im Winter schon einmal versucht, ein Iglu zu bauen? Das ist eine halbkugelförmige Schneehütte, die in der Regel aus Eisblöcken errichtet wird. Es geht aber auch anders. Ihr braucht jede Menge

Schnee und viele helfende Hände, denn ein Iglu ist ein Projekt, an dem ihr gemeinsam als Familie arbeitet.

So baut ihr ein Iglu

1. Errichtet mit Schaufeln und Eimern einen großen Schneehaufen. Je größer der Haufen, desto größer wird das Iglu. Tipp: Klopft oder stampft den Schnee zwischendurch immer wieder richtig fest, damit die Wände des Iglus später gut halten.
2. Grabt euch von einer Seite in den Schneehaufen hinein und höhlt ihn von innen aus.
3. Ist der Schnee fest genug, könnt ihr selbstverständlich auch ein Fenster einbauen.
4. Je dünner die Schneeschicht ist, aus der die Wände und das Dach bestehen, desto heller ist es im Schneehaus. Im Falle eines Einsturzes sind dünne Wände außerdem weniger gefährlich.

Vorsicht: Kleine Kinder sollten aufgrund von Einsturzgefahr nie unbeaufsichtigt in einem Iglu spielen.

Nach getaner *Arbeit* könnt ihr eine Decke oder eine Isomatte im Iglu ausbreiten, euch einen warmen Tee aus eurer Thermoskanne einschenken, diesen bei Kerzenschein genießen und es euch in eurem Abenteuerhaus aus Eis und Schnee *gemütlich* machen.

MIKROABENTEUER-TIPP

Selbstverständlich könnt ihr auch in einem Iglu übernachten. Dazu muss es kalt genug sein, damit das Iglu nicht einsturzgefährdet ist. Außerdem benötigt ihr eine gute Isolation in Form einer geeigneten Isomatte und eines sehr guten Schlafsacks. Achtet beim Bau des Iglus außerdem darauf, dass der Eingang tiefer liegt als der Boden des Iglus, denn so kann die kalte Luft nach außen abziehen, aber nicht von draußen hereinfließen.

NATURSCHÄTZE SAMMELN

Der Sammel-Leidenschaft frönen

Jahreszeit Frühling, Sommer, Herbst, Winter
Dauer auf die Schnelle
Alter ab 3
Ihr braucht einen Sammelbehälter

Es geht los

Schätze sammeln ist ein wundervoll einfaches, aber spannendes Mikroabenteuer für alle Kinder, die aus ihrem Entdeckerdrang heraus ohnehin täglich Dinge aufheben und sammeln, oft zum Leidwesen von uns Erwachsenen.

Schätze könnt ihr überall finden. Im Wald genauso wie im Stadtpark oder auf der nächsten Wiese. Als Sammelbehälter können ein leerer Eierkarton, eine zweckentfremdete Brotdose oder auch ein kleiner Jutebeutel dienen.

Gesammelt werden darf, was du und deine Kinder als Schätze ansehen, ganz ohne Wertung. Schönheit liegt bekanntlich im Auge des Betrachters. Und ja, du hast richtig gelesen: Auch du sollst kräftig mitsammeln.

Bei diesem Mikroabenteuer werdet ihr nur langsam vorankommen und euren Fokus auf die kleinen Dinge auf dem Boden und am Wegesrand lenken. Es ist oft erstaunlich, wie viel es zu sammeln und zu entdecken gibt, wenn ihr gemeinsam auf Naturschatzsuche geht.

ACHTUNG, NATURSCHUTZ

In ausgewiesenen Naturschutzgebieten ist das Sammeln, Aufheben oder Pflücken von Pflanzen verboten.

Im Internet gibt es Vorlagen mit Sammel-Ideen für Naturschätze, die ihr auf einen leeren Eierkarton kleben könnt. Gib in der Internet-Bildersuche einfach *„Natur Sammelbox Wald“* ein. Auf diesen Vorlagen findet ihr Anregungen, nach welchen Dingen ihr die Augen offenhalten könnt. Meine persönliche Erfahrung ist, dass diese Vorlagen eine schöne Motivation sind, mit dem Sammeln anzufangen, die Sammelleidenschaft dann aber unabhängig von der Vorlage entfacht und genauso soll es auch sein.

TASCHENLAMPEN-SPAZIERGANG

Durch die Dunkelheit wandern

Jahreszeit Frühling, Sommer, Herbst, Winter
Dauer auf die Schnelle
Alter ab 3
Ihr braucht Taschenlampen oder Stirnlampen

Es geht los

Mit der Taschenlampe durch die Dunkelheit zu spazieren, macht großen und kleinen Abenteurern garantiert riesigen Spaß.

Für dieses Mikroabenteuer brauchst du nichts vorbereiten und ihr könnt bequem direkt von der Haustüre aus starten. Wohnst du allerdings sehr zentral, lohnt es sich, mit der Bahn ein wenig rauszufahren, denn je mehr Natur und Dunkelheit um euch herum sind, desto aufregender wird euer Spaziergang.

Vor allem im Herbst und im Winter, wenn die Tage kurz sind und das Wetter nicht immer zum Rausgehen motiviert, ist ein Spaziergang mit der Taschenlampe perfekt, um auch am späten Nachmittag nochmals loszuziehen und frische Luft zu schnappen.

Im Frühling und im Sommer macht es ebenfalls großen Spaß nach Einbruch der Dunkelheit mit der Taschenlampe über Wiesen oder durch den Wald zu streifen und mit einer Taschenlampe im Mikroabenteuer-Gepäck macht es nichts, wenn euer Draußen-Tag länger dauert als geplant.

Kombiniert einen Taschenlampen-Spaziergang doch mit einem Picknick bei Sonnenuntergang. Beobachtet dabei gemeinsam, wie sich die Natur mit dem Einsetzen der Dunkelheit verändert. Wenn es dunkel genug ist, knipst ihr eure Taschenlampen an und macht eine Nachtwanderung zurück nach Hause.

ÄNGSTE DER KINDER ERNST NEHMEN

Auch ängstliche Kinder können mit Hilfe von uns Erwachsenen bei einem Spaziergang in der Dunkelheit über sich hinauswachsen. Wichtig ist, dass du die Ängste deiner Kinder ernst nimmst und ihr darüber sprecht. Versuche auch ältere Geschwister mit ins Boot zu holen, damit sie Ängste jüngerer Kinder nicht durch Erschrecken oder gruslige Geschichten weiter schüren.

AUF BÄUME KLETTERN

Ein Abenteuer für alle, die gern hoch hinaus möchten

Jahreszeit Frühling, Sommer, Herbst, Winter
Dauer auf die Schnelle
Alter ab 3
Ihr braucht ohne Ausrüstung möglich

Es geht los

Bei diesem Mikroabenteuer sucht ihr euch einen Kletterbaum, den ihr gemeinsam bzw. nacheinander erklimmt, denn es ist immer wichtig, dass sich eine erwachsene Person am Boden befindet, um eventuell Hilfestellung beim Runterklettern zu leisten.

Apropos Hilfestellung: Heb deine Kinder nicht auf den Baum hoch, sondern lass sie einen Baum mit ihren eigenen Kräften hinaufklettern. Denn nur dann kannst du dir sicher sein, dass sie die Höhe richtig einschätzen können und in der Regel auch wieder aus eigener Kraft herunterkommen.

Die besten Bäume zum Klettern findet ihr in Laubwäldern. Achte bei der Suche nach einem geeigneten Baum darauf, dass dieser einen gesunden Eindruck macht und ausreichend stabil ist. Dabei ist es selbstverständlich, dass ihr beim Klettern keine Baumnester von Vögeln oder Insektennester zerstört.

DARF MAN AUF ALLE BÄUME KLETTERN?

Grundsätzlich ist es nicht verboten, auf Bäume zu klettern. Ausnahmen bestätigen auch hier die Regel. Besonders bei sehr alten Bäumen kann es sich um Naturdenkmäler handeln, auf denen nicht herumgeklettert werden darf, da dies zur Beschädigung des Baumes führen kann. Auch in Parks bzw. in städtischen oder privaten Grünanlagen wird das Klettern auf Bäume häufig in der Parkordnung verboten.

FRÜHLINGSPFLANZEN BEGRÜSSEN

Bunte Farbkleckse entdecken

Jahreszeit Frühling
Dauer auf die Schnelle
Alter ab 3
Ihr braucht evtl. ein Bestimmungsbuch für Pflanzen

Es geht los

Der beginnende Frühling bringt immer ein Gefühl von Freiheit mit sich. Dieser Moment, wenn die ersten Sonnenstrahlen unsere Gesichter richtig erwärmen, ist herrlich.

Jetzt ist auch die Zeit, in der die ersten Pflanzen anfangen zu blühen. Frühlingsblumen sind die ersten Boten der neuen Jahreszeit und können überall, auch in der Stadt, von euch entdeckt werden. Macht euch gemeinsam auf die Suche nach dem Frühling und den ersten Farbklecksen in der ansonsten noch grauen Natur.

Der Märzenbecher

Mit etwas Glück seht ihr bereits ab Februar die ersten Märzenbecher blühen. Diese Blumen, die unter Naturschutz stehen, findet ihr vor allem in lichten Laubwäldern. Ihr erkennt sie an den weißlichen Blütenblättern, die gelb-grüne Flecken an der Spitze aufweisen.

Der Löwenzahn

Der Löwenzahn gehört wohl zu den bekanntesten Wildblumen. Er fängt Anfang April an zu blühen und seine gelben Blüten sind weithin sichtbar. Im Juli reift daraus die bekannte Pusteblume.

Die Vogelkirsche

Die weißen Blüten der Vogelkirsche, auch Wild-Kirsche genannt, leuchten von April bis Mai strahlend weiß. Die wilde Vogelkirsche kommt vor allem am Waldrand vor.

Das Buschwindröschen

Das giftige Buschwindröschen ist eine der ersten Frühlingbotinnen, da sie bereits im März anfängt zu blühen. Während die Bäume noch kahl sind, bedecken die weiß-gelben Blüten dieser Pflanze, die vor allem in lichten Laub- bzw. Mischwäldern wachsen, den Waldboden.

Die hohe Schlüsselblume

Die hohe Schlüsselblume fängt bereits im März an zu blühen. Ihr findet sie vor allem auf feuchten Wiesen, an Bachrändern und in Auenwäldern. Sie wächst bis zu 30 cm hoch und blüht hellgelb.

MIKROABENTEUER-TIPP

Ihr könnt mit einem Pflanzenbestimmungsbuch wie z. B. *„Was blüht denn da"* des Kosmos Verlags losziehen. Der Inhalt des Buchs ist auch digital verfügbar, da es an die App *„Flora Incognita"* angebunden wurde.

PERSPEKTIVEN-WECHSEL

Den Blickwinkel ändern

Jahreszeit Frühling, Sommer, Herbst, Winter
Dauer auf die Schnelle
Alter ab 3
Ihr braucht evtl. einen kleinen Spiegel

Es geht los

Einfach so spazieren gehen und dabei einen Fuß vor den anderen setzen: Das klingt nicht nur langweilig, das ist es auch – vor allem für Kinder.

Das schnellste und kleinste Mikroabenteuer, das ich kenne, ist unterwegs einfach mal die Perspektive zu verändern.

Mit einem neuen Blickwinkel nehmt ihr gemeinsam alltägliche oder unbekannte Wege neu wahr. Eure Perspektive könnt ihr überall ändern: im Wald, auf der Wiese, an einem Bach oder im nächsten Park. Bei einem Spaziergang, einer Wanderung oder auf dem Weg nach Hause.

IDEEN FÜR PERSPEKTIVEN-WECHSEL:

- Legt euch flach auf den Boden und beobachtet das Geschehen um euch herum von hier unten.
- Packt euch einen kleinen Spiegel ein und schaut während eures Spaziergangs immer wieder durch den Spiegel nach oben.
- Stellt euch breitbeinig hin, beugt euch nach vorne und schaut kopfüber durch eure Beine. Ich finde, durch diese Perspektive sieht die Umgebung aus wie auf einem Gemälde.

Vielleicht habt ihr noch mehr Ideen für neue Blickwinkel unterwegs. Dabei sollte klar sein, dass jede Idee willkommen ist und ihr sie gemeinsam ausprobiert. Kinder haben kreative Einfälle, lass dich also überraschen.

MATSCHWANDERN

Unterwegs in schlammiger Mission

Jahreszeit Frühling, Sommer, Herbst, Winter
Dauer auf die Schnelle
Alter ab 3
Ihr braucht Gummistiefel und Matschhosen bzw. Wasser und ein Handtuch

Es geht los

Das Wetter ist so richtig ungemütlich, da es schon seit Tagen regnet? Daheim fällt euch allmählich die Decke auf den Kopf und ihr braucht dringend eine Auszeit an der frischen Luft, damit sich die Gemüter wieder beruhigen? Dann nichts wie rein in Gummistiefel und Matschhosen und ab in den Wald oder Stadtpark zur nächsten Matschpfütze.

Matschpfützen findet ihr überall, wo viel Regen auf Natur trifft. Habt ihr ein ansehnliches Exemplar gefunden, geht es auch schon los mit

Pfützen springen und durch den Schlamm waten. Dabei darf so viel Dreck spritzen, wie es euch Spaß macht, denn bei einer Wanderung durch den Matsch ist das oberste Ziel ja irgendwie, sich möglichst ungehemmt schmutzig machen zu dürfen. Ob neben den Schuhen, der Hose und der Jacke auch noch Gesicht und Haare mit Matsch besprenkelt sind, ist dann auch schon egal.

TIPP FÜR EXPERIMENTIERFREUDIGE ABENTEURER

Seid ihr schon einmal barfuß durch Schlamm gelaufen? Jetzt ist genau der richtige Zeitpunkt, um das auszuprobieren. Mit einer Wasserflasche und einem Handtuch im Gepäck könnt ihr eure Füße anschließend notdürftig sauber machen, bevor ihr zurück in Socken und Schuhe schlüpft.

Die Mikroabenteuer in diesem Buch sind für die ganze Familie geschrieben. Sie sollen bleibende, gemeinsame Erinnerungen schaffen. Warum ich das hier schreibe? Ihr seid als Familie auf schlammiger Mission – das bedeutet, dass du die erste eurer Abenteuer-Gruppe sein solltest, die mit Anlauf und laut lachend in die Pfützen hüpft. Gemeinsame Erlebnisse schafft ihr nicht, indem du lächelnd am Rande des Geschehens stehst.

MIKROABENTEUER-TIPP

In schlammigem Zustand wollt ihr sicherlich nicht ins Auto steigen oder mit öffentlichen Verkehrsmitteln fahren, denn zumindest uns Erwachsenen ist das durchaus unangenehm. Pack einen großen Beutel ein, in den du nach dem Abenteuer die matschigen Kleider verstauen kannst.

BEERENVERKOSTUNG

Sommerlich süße Nascherei

Jahreszeit Sommer, Herbst
Dauer auf die Schnelle
Alter ab 3
Ihr braucht einen Behälter für die Beeren

Es geht los

Wilde Beeren sammeln und naschen ist ein einfaches Mikroabenteuer für zwischendurch. Ab Juni bis in den Oktober hinein findet ihr vor allem im Wald leckere Beeren. Ihr solltet nur solche sammeln und essen, die du absolut sicher bestimmen kannst.

MIKROABENTEUER-TIPP

Ihr könnt die Beeren selbstverständlich sofort naschen oder ihr habt eure Outdoor-Küche dabei und versüßt euch damit einen Milchreis oder ein Müsli auf einer schattigen Waldlichtung.

Brombeere

Brombeeren wachsen an stacheligen Sträuchern vor allem an Waldrändern oder auf Lichtungen. Sie sind blauschwarz, schmecken wunderbar kräftig und ganz genau genommen sind es keine Beeren, sondern Sammelsteinfrüchte.

Himbeere

Die süßen und aromatischen Himbeeren findet ihr im Halbschatten an Wegesrändern und lichten Waldstücken. Auch Himbeeren sind Sammelsteinfrüchte und zählen somit nicht zu den Beeren, auch wenn sie das Wort in ihrem Namen tragen.

Blaubeere

Blaubeeren, auch Heidelbeeren genannt, findet ihr von Juni bis September an Sträuchern am Boden. Sie wachsen in Wäldern mit torfigem Boden. Ihr könnt sie vom Busch naschen oder ihr bereitet euch daraus einen Blaubeerquark oder Blaubeerpfannkuchen zu.

Bei Blaubeeren besteht Verwechslungsgefahr mit den *Rauschbeeren*, deren Fruchtfleisch weißlich ist. Auch die *giftige Tollkirsche* sieht der Blaubeere ähnlich. Sie wächst allerdings nicht am Boden, sondern in einer Höhe von ca. 50 cm bis 150 cm.

Walderdbeere

Walderdbeeren sind winzig klein, rot und herrlich süß, weshalb die Walderdbeere meist direkt vom Strauch in den Mund wandert. Ihr könnt die Walderdbeeren von Mai bis August ernten. Auch Erdbeeren sind keine Beeren, sondern sogenannte Sammelnussfrüchte. Ihr findet sie an Waldrändern und in lichten Laub- und Nadelwäldern.

Preiselbeere

Wilde, rohe Preiselbeeren schmecken meist säuerlich. Nach dem Motto *„Sauer macht lustig“* könnt ihr Preiselbeeren naschen und dabei die lustigsten Gesichter ziehen.

WALDGERÄUSCHEN LAUSCHEN

Ein Naturkonzert besuchen

Jahreszeit Frühling, Sommer, Herbst
Dauer auf die Schnelle
Alter ab 3
Ihr braucht evtl. eine Picknickdecke oder eine Isomatte und warme Kleidung

Es geht los

Gemeinsam den Geräuschen des Waldes zu lauschen, ist eine wunderbare Möglichkeit im Alltag abzuschalten, einen Gang runterzufahren und die Energiereserven wieder aufzuladen.

Dazu braucht ihr einen geeigneten Platz im Wald, an dem ihr es euch gemütlich machen könnt. Wenn ihr dabei die Wege verlasst und tiefer in den Wald wandert, ist die Wahrscheinlichkeit, dass ihr von anderen Spaziergängern aufgeschreckt werdet, geringer. Selbstverständlich könnt ihr euch auch einfach auf eine Bank setzen, was aber definitiv weniger Abenteuercharakter hat.

Dann schließt ihr die Augen und lauscht den Geräuschen um euch herum. Je nach Alter bzw. Temperament der Kinder dauert das Konzert unterschiedlich lange. Um deine Kinder zu ermutigen, ein wenig länger zu lauschen, sprecht leise darüber, welche Geräusche ihr hört und ob ihr bestimmte Vögel oder andere Tiere erkennt.

Ein Vogelkonzert besuchen

Ein überwältigendes und gar nicht so leises Konzert verschiedener Vogelstimmen findet in den Morgenstunden statt. Es lohnt sich, den Mikroabenteuer-Rucksack am Vorabend zu packen und den Wecker früh zu stellen, denn die ersten Vogelmännchen starten bis zu einer Stunde vor Sonnenaufgang mit ihrem Gesang.

Die Brunft der Rothirsche erleben

Im Herbst ist Paarungszeit der Hirsche. Auf rothirsch.org, einer Website, die von der deutschen Wildtier Stiftung betrieben wird, kannst du auf einer interaktiven Karte sehen, wo du gute Chancen hast, eine Hirschbrunft in freier Wildbahn zu erleben bzw. zu hören.

BÄUME WACHSEN HÖREN

Legt im Frühjahr euer Ohr am besten an Buchen- oder Birkenstämme. Ihr werdet erstaunt feststellen, dass ihr ein Rauschen oder Gluckern hören könnt. Das ist der Saftstrom, der in den Leitungsbahnen der Stämme im Frühjahr von den Wurzeln bis in die Kronen schießt.

IN EINEM BACH BADEN

Die Kraft des Wassers hautnah spüren

Jahreszeit Frühling, Sommer, Herbst
Dauer mehrere Stunden
Alter ab 4
Ihr braucht Badesachen, Handtücher, evtl. Badeschuhe

Es geht los

In einem Bach zu baden ist etwas völlig anderes als im Schwimmbad zu planschen oder in einen See zu springen. Bei einem Bad im Bach spürt ihr die Kraft des Wassers hautnah. Dafür braucht ihr einen Bach, dessen Strömung nicht zu stark ist und an dessen Uferbereich ihr seichte Stellen findet. Diese kleinen *Strände* eignen sich zum Spielen vor allem für kleine Kinder und als gute Möglichkeit gefahrenlos in den Bach zu steigen.

MIKROABENTEUER-TIPP

Packe Badeschuhe ein. Bachbetten bestehen häufig aus kleinen und großen Steinen. Es kann ein Teil des Abenteuers sein, diese glitschigen, kantigen oder auch runden Steine mit nackten Füßen zu spüren. Da die wenigsten von uns das Barfußlaufen gewohnt sind und die Steine durchaus weh tun können, sorgen Badeschuhe für einen stabilen Stand.

Es ist ein herrliches Gefühl, das fließende Wasser auf seinem Körper zu spüren. Zu fühlen, wie es an Beinen, Rücken oder Bauch entlangfließt. Dabei ist es erstaunlich, wie viel Kraft das Wasser eines Baches hat. Je nach Tiefe könnt ihr euch auch ein kleines Stück treiben lassen. Oder ihr versucht, bachaufwärts zu waten. Das ist teilweise leichter gesagt als getan.

Bäche sind in der Regel ziemlich kalt, was euch nicht davon abhalten sollte, auch im Frühling oder im Herbst in einem Bach zu baden. Das macht euer Abenteuer noch abenteuerlicher, denn ihr schiebt den „*Das geht doch nicht*“-Gedanken beiseite und macht es einfach! Ich verspreche euch, dass ihr euch danach herrlich fühlen werdet und eine mitgebrachte warme Suppe nach einem erfrischenden Bad im Bach eine wahre Wohltat ist.

Schon mal nackt in einem Bach gebadet? Nein? Dann ist es an der Zeit, auch das einmal auszuprobieren.

SONNENCREME & SCHUTZGEBIETE

Bitte verzichte auf Sonnencreme, wenn ihr in einem Bach baden möchtet, und informiere dich vorab, ob der Bach in einem Naturschutzgebiet liegt. In diesem Fall solltest du dir einen anderen Bach für euer Mikroabenteuer suchen.

STERNE BEWUNDERN

Entspannung unter einem Sternenhimmel erleben

Jahreszeit Frühling, Sommer, Herbst
Dauer mehrere Stunden
Alter ab 4
Ihr braucht eine Picknickdecke oder Isomatte, warme Kleidung, Taschenlampen

Es geht los

Der Anblick eines Nachthimmels, der über und über mit Sternen bedeckt ist, entlockt schon kleinen Abenteurern ein ehrfürchtiges „*WOW*". Mach dir einmal klar, dass deine Kinder sehr wahrscheinlich noch nie den Sternenhimmel draußen bewundert haben, denn in aller Regel schlafen sie, wenn die Sonne untergegangen ist.

Schmeißt euren Rhythmus über Bord und macht euch gemeinsam auf, um Sterne zu bewundern. Abenteuer passieren in der Regel außerhalb der festgefahrenen Alltagsstrukturen – also auch in der Nacht.

Für dieses Mikroabenteuer braucht ihr einen wolkenlosen Himmel und einen möglichst dunklen Ort in der Natur. Bei Neumond bzw. sobald der Mond untergegangen ist, zeigen sich die meisten Sterne.

Übrigens könnt ihr auch im Winter einige Zeit draußen ausharren und Sterne und Sternschnuppen bewundern. Der große Vorteil ist, dass ihr es sogar noch zur gewohnten Zeit ins Bett schafft, da es dann schon früh dunkel wird.

KLEINE STERNSCHNUPPENKUNDE

Um einen Sternenhimmel zu bestaunen, eignen sich besonders die großen Meteorschauer, von denen es auf der Nordhalbkugel drei zu beobachten gibt. Am bekanntesten ist sicherlich der Perseiden-Strom im August. Daneben gibt es im Januar den Quadrantiden-Strom und den Geminiden-Strom im Dezember. Befrage einfach das Internet nach dem aktuellen Sternschnuppen-Kalender und trage dir einen Termin in deinen Kalender für dieses Naturschauspiel bzw. Abenteuer ein – am besten jetzt sofort.

AUF EINER BERGHÜTTE ÜBERNACHTEN

Magische Bergmomente als Familie erleben

Jahreszeit Frühling, Sommer, Herbst
Dauer zwei Tage
Alter ab 4
Ihr braucht eine Packliste für eine Hüttenübernachtung mit Kindern findest du auf meinem Blog

Es geht los

Eine Übernachtung auf einer Berghütte ist ein unvergessliches Erlebnis. Wer nicht in Alpennähe wohnt, wird dieses Abenteuer eher in seinen Urlaub verlegen.

Die Stimmung in den Bergen, wenn die Tageswanderer am Abend ins Tal zurückgekehrt sind, ist unbeschreiblich schön. Die Ruhe, die gewaltigen Berglandschaften, das weiche Licht und mit etwas Glück sogar ein Bilderbuch-Sonnenuntergang sind Eindrücke, die auch Kinder als etwas Besonderes wahrnehmen. Vielleicht ist es aber auch einfach die Tatsache, so lange vor der Hütte rumflitzen zu dürfen, bis die kurzen Beine wirklich nicht mehr können oder das besondere Hütten-Feeling, was Kinder an einer Hüttenübernachtung begeistert.

MIKROABENTEUER-TIPP

Frühes Aufstehen lohnt sich in den Bergen, denn eine Tiersichtung, ob Murmeltiere oder Gämse und mit ganz viel Glück ein Steinbock, sind in den Morgenstunden nicht ungewöhnlich.

Mit wie viel Jahren können Kinder auf einer Hütte übernachten?

Meine kleine Tochter hat mit 3 Monaten das erste Mal auf einer Hütte übernachtet. Achte bei der Reservierung darauf, dass du ein Zimmerlager buchst. Im Gegensatz zum Bergsteigerlager handelt es sich bei einem Zimmerlager um 4- oder 6-Bett-Zimmer, meist mit Stockbetten. Reserviere die passenden Schlafplätze unbedingt vorab.

Die richtige Hütte finden

Eine passende Hütte muss eine gute Lage und die richtige Ausstattung haben. Zur wichtigsten Ausstattung gehören die erwähnten Zimmerlager, die ihr als Familie für euch reservieren könnt. Viele Hütten heißen kleine Gäste willkommen und haben Spielplätze, Tiere und vieles mehr, wobei die Natur um die Hütte ohnehin der größte Abenteuerspielplatz ist.

Bei der Lage der Hütte wird es knifflig. Die besondere Herausforderung für uns Erwachsene liegt darin, einen Wanderweg zu finden, der dem konditionellen und technischen Können der Kinder entspricht, aber dennoch abenteuerlich genug ist, dass die kleinen Bergsteiger Spaß haben.

Das Lauftempo der Kinder spielt bei der Wahl der Hütte ebenfalls eine große Rolle. Die Angaben zu den regulären Gehzeiten kannst du getrost vergessen. Rechne mindestens mit der doppelten Gehzeit, wenn ihr noch nicht sonderlich wandererfahren seid. Weniger ist hier definitiv mehr und wenn ihr wider Erwarten doch schon am frühen Nachmittag auf der Hütte ankommt, bleibt euch mehr Zeit zum Spielen, Toben oder für einen Kaiserschmarrn.

RECHERCHE-TIPPS

- Es gibt beim Deutschen Alpenverein eine Broschüre mit allen kinderfreundlichen Hütten, die man bestellen oder als PDF herunterladen kann. Diese Broschüre ist perfekt, wenn du gar nicht weißt, wo du mit der Suche anfangen sollst.
- Der Wandaverlag hat einen Wanderführer für Familien mit dem Titel „*Trekking für Alle*" veröffentlicht. In dem Buch findest du 32 familienfreundliche Mehrtagestouren für Familien.

Für eure erste Übernachtung muss es auch keine abgelegene Hütte sein, die nur auf unwegsamen Wegen zu erreichen ist. Tastet euch langsam ran, nutzt die Seilbahn, um Höhenmeter zu sparen oder nehmt einen eventuell angebotenen Gepäcktransport in Anspruch. Wer weiß, vielleicht legt ihr damit den Grundstein für ganz viel Bergliebe und mehrtägige Wanderungen werden zu einem festen Bestandteil eurer Urlaubsplanung.

Die richtige Ausrüstung

Wanderschuhe: Für dieses Mikroabenteuer braucht ihr gute Wanderschuhe, sowohl für Erwachsene als auch für Kinder, denn ihr wandert viel und mit Blasen und nassen Füßen ist der Spaß schnell vorbei.
Jacken und Hosen: Wasser- und windabweisende Kleidung ist ebenfalls ein Muss, denn das Wetter in den Bergen ändert sich schnell.
Schlafsäcke: Normalerweise werden auf den Hütten Decken ausgegeben; Wanderer müssen nur einen kleinen und leichten Hütten-

schlafsack mitbringen. Das hat sich mit Covid-19 allerdings geändert. Die Ausgabe von Decken kann den Hüttenwirten, je nach aktuellen Bestimmungen, untersagt sein und Wanderer müssen einen richtigen Schlafsack mitbringen, der sie in der Nacht warmhält. Prüfe vorab auf der Website der Hütte die genauen Regelungen.

HÜTTENÜBERNACHTUNGS-PACKLISTE

Eine detaillierte Packliste für eine Hüttenübernachtung mit Kindern kannst du auf www.adailytravelmate.com/packliste-mikroabenteuer herunterladen und mit deinen eigenen Notizen versehen.

Die Sache mit der Motivation

Vor allem junge Kinder sehen im Wandern wenig Sinn. Für sie muss der Weg spannend und aufregend sein, damit sie Anstrengungen auf sich nehmen. Das kann bei einer Hüttenübernachtung anders sein, denn hier ist das Ziel klar und aufregend: eine Hütte zum Übernachten.

Wenn deine Kinder in einem Motivations-Tief stecken, stelle sicher, dass sie keinen Durst und Hunger haben und keine Pause benötigen. Sind diese Bedürfnisse befriedigt und sie sind dennoch nicht motiviert, dann brauchen sie tatsächlich ein wenig Wander-Antrieb.

Viele in diesem Buch genannten Mikroabenteuer können auf dem Weg zur Hütte als Motivation genutzt werden. Ansonsten helfen bei uns *Unterwegs-Spiele* wie:

- Ich sehe was, was du nicht siehst
- Gegenstände erraten, wobei nur Ja- oder Nein-Fragen gestellt werden dürfen
- Reimwörter finden
- Kleine Aufgaben lösen lassen, bevor die Kinder weiterlaufen dürfen

KLEINE FLÖSSE BAUEN

Bastelspaß für geschickte Hände

Jahreszeit Frühling, Sommer, Herbst, Winter
Dauer mehrere Stunden
Alter ab 4
Ihr braucht Naturbast oder Juteschnüre, eine Kindersäge bzw. ein Kindertaschenmesser

Es geht los

Ein kleines Floß bzw. Boot selbst zu bauen und anschließend zu Wasser zu lassen, ist eine wunderbare Möglichkeit, gemeinsam den Nachmittag in der Natur zu verbringen und dabei etwas gemeinsam zu erschaffen.

Holz sammeln: Bevor ihr mit dem Bau loslegen könnt, müsst ihr Stöcke sammeln, die ungefähr so dick wie der kleine Finger eines Erwachsenen sind. Alle Stöcke sollten ungefähr die gleiche Länge haben. Habt ihr eine Kindersäge oder ein Taschenmesser dabei, könnt ihr die Stöcke damit in die richtige Länge bringen.

Floß-Puzzle spielen: Die gesammelten Stöcke werden sicherlich nicht alle gleich kerzengerade sein. Versucht die Stöcke auf dem Boden als Floß so anzuordnen, dass wenig Lücken entstehen. Lasst dabei zwei Stöcke übrig, die später quer über die anderen Stöcke gelegt werden.

Los geht die Bastelei: Schneidet ein langes Stück Bast ab und knotet ungefähr die Mitte an eine Seite des ersten Stocks. Anschließend legt ihr eine der Schnüre über den nächsten Stock und führt sie unter dem darauffolgenden Stock hindurch, wieder obendrüber und wieder untendurch usw. Wiederholt diese Bastelei mit der anderen Schnur, nur umgekehrt. Jüngere Kinder brauchen sicherlich Unterstützung. Ganz am Ende könnt ihr die beiden Querstreben festknoten.

Segel setzen: Als Segelmast kann ein Schaschlik-Spieß oder ein dünner, stabiler Ast dienen, den ihr zwischen zwei Stöcke klemmt. Als Segel eignet sich ein großes Blatt.

Das Floß zu Wasser lassen: Ist das Floß fertig, könnt ihr es auf eine Reise schicken. Vielleicht hat jeder von euch einen Wunsch, den ihr mitschicken möchtet oder eine Sorge, die das Floß wegtragen kann.

VORSICHT, PLASTIK

Im Internet gibt es unzählige Anleitungen für kleine Boote, die Kinder selbst basteln können. Willst du die Boote in der Natur fahren lassen, dann verzichte bitte auf Materialien wie Plastik, die in der Natur nichts zu suchen haben, da sie sich dort nicht zersetzen.

EINE WALDWERKSTATT BESUCHEN

Mit Säge, Hammer und Schnüren im Wald werkeln

Jahreszeit Frühling, Sommer, Herbst, Winter
Dauer mehrere Stunden
Alter ab 4
Ihr braucht Kindersäge, Kindertaschenmesser, Schnüre

Es geht los

In der Natur gibt es unzählige Materialien, mit denen ihr nach Lust und Laune werkeln und etwas daraus bauen könnt. Macht euch auf in den nächsten Wald und schon geht es los.

Besonders viel Freude bereitet es, wenn ihr gemeinsam an einem kleinen Projekt arbeitet. Selbstverständlich ist es auch in Ordnung, wenn ein Kind für sich sein möchte. Wir müssen im Laufe des Tages sehr viele Kompromisse eingehen, da ist es verständlich, wenn ein Familienmitglied einmal nach eigenen Regeln für sich spielen und bauen möchte.

Aller Anfang ist schwer und es kann gut sein, dass vor allem wir Erwachsenen nicht wissen, wo wir anfangen sollen. Wir leben in einer sehr leistungsorientierten Gesellschaft, in der das Ergebnis zählt und bewertet wird. Deshalb fällt es uns Erwachsenen nicht leicht, einfach mal draufloszuspielen.

Du kannst deinen Kindern die Führung überlassen, denn Kinder denken noch anders. Es ist außerdem hilfreich, erst einmal verschiedene Materialien wie Gras, Blätter, Rinde, Tannenzapfen, Stöcke und Steine zu suchen, denn dabei kommen meist die ersten Ideen.

IDEEN FÜR DIE WALDWERKSTATT

- Häuser für kleine Waldwichtel
- Ställe für Waldmäuse
- Unterschlüpfe für Waldfeen
- Ein riesiges Boot aus Stöcken
- Waldmobile aus Schnüren und verschiedenen Materialien
- Wald-Vogelscheuchen
- Eine Waldküche, in der es Steinsuppe und Graskuchen gibt

Eine Waldwerkstatt fördert die Kreativität und die Feinmotorik deiner Kinder und sorgt für Entspannung. Der Wald ist wie ein großes Kinderzimmer mit einer Fülle von Spielzeug.

MIKROABENTEUER-TIPP

Zu diesem Mikroabenteuer könnt ihr zu jeder Jahreszeit aufbrechen, besonders angenehm ist es allerdings bei trockenem und warmem Wetter, denn ihr bewegt euch wenig und dadurch fehlt euch bei kaltem Wetter die Wärme von innen.

AUF BAUMSUCHE GEHEN

Bäume wiederfinden

Jahreszeit Frühling, Sommer, Herbst, Winter
Dauer mehrere Stunden
Alter ab 4
Ihr braucht ein Tuch, um euch die Augen zu verbinden

Es geht los

Bäume wiederfinden, das klingt zugegebenermaßen ein wenig sonderbar und auch recht einfach. So ein Baum kann ja nicht einfach verschwinden. Es ist aber gar nicht so einfach, einen bestimmten Baum unter vielen wiederzufinden.

Sucht euch einen geeigneten Ort in einem Wald und verbindet einem von euch die Augen mit einem mitgebrachten Tuch. Um die Orientierung schwieriger zu machen, dreht ihr den „blinden“ Abenteurer vorsichtig im Kreis und lauft mit ihm ein paar Schlangenlinien, bevor ihr vor einem Baum stoppt.

Der Baum darf nun ausgiebig abgetastet, umarmt und auch beschnuppert werden. Anschließend entfernt ihr euch wieder von dem Baum. Am besten dreht ihr vorher noch ein paar Kreise und lauft ein wenig im Zickzack. Jetzt darf die Augenbinde abgenommen werden und mithilfe der Augen und natürlich der Hände wird der Baum gesucht. Es ist ganz schön knifflig das Ertastete mit den Augen wiederzuerkennen.

Am Ende tauscht ihr die Rollen.

ABENTEUER-VARIATIONEN

Ihr könnt dieses Abenteuer beliebig variieren. So muss einer von euch zum Beispiel versuchen, eine bestimmte Stelle auf dem Waldboden oder einen bestimmten Stein wiederfinden. Damit es nicht zu schwer wird, bestimmt vorab einen Bereich, in dem sich der gesuchte Baum, Boden oder Stein befindet.

WALD-TIPI-ABENTEUER

Gemeinsam einen hölzernen Unterschlupf schaffen

Jahreszeit Frühling, Sommer, Herbst, Winter
Dauer mehrere Stunden
Alter ab 4
Ihr braucht evtl. eine Schnur

Es geht los

Nichts schweißt so sehr zusammen, wie gemeinsam an einem großen Projekt zu werkeln. Bei eurem nächsten Besuch im Wald könnt ihr euch an ein Tipi wagen. Das ist ein hölzerner Unterschlupf, den ihr nur mit vereinten Kräften errichten könnt.

Wie findet ihr einen geeigneten Platz für euer Tipi?

Ihr braucht einen stabilen Stamm, um den das Tipi herumgebaut wird. Der Stamm sollte am besten keine tiefsitzenden Äste haben. Achtet auch darauf, dass um euren Tipi-Baum keine Pflanzen stehen und dass ausreichend Totholz herumliegt, denn das benötigt ihr für euren hölzernen Unterschlupf.

Wie baut ihr ein Tipi?

- Für das Grundgerüst braucht ihr eine Handvoll großer und stabiler Äste, die ihr um den Stamm herum aufstellt. Drückt die Äste ein wenig in den Boden und lasst sie oben ineinandergreifen. Dann hat das Gerüst einen guten Halt. Ihr könnt eine Schnur zur Hilfe nehmen, wenn euch die Konstruktion zu wackelig vorkommt.
- Anschließend sucht ihr weitere Äste, die zwischen dem Grundgerüst an den Baum oder die Äste gelegt werden. Je mehr Äste ihr findet, desto dicker wird eure Tipi-Wand.

Ist euer Tipi groß genug, könnt ihr es euch darin gemütlich machen und nach all der Anstrengung in Ruhe etwas picknicken und den Geräuschen um euch herum lauschen.

EIN GEHEIMER TIPI-PLATZ FÜR VIELE DRAUSSEN-STUNDEN

Es kann gut sein, dass ihr nicht genügend Zeit mitbringt, um ein ganzes Tipi an nur einem Nachmittag zu errichten. Das Schöne daran ist, dass ihr so immer wieder zu eurem geheimen Tipi-Platz zurückkehren und weiter werkeln könnt.

EINEN STAUDAMM BAUEN

Das Wasser gemeinsam ausbremsen

Jahreszeit Frühling, Sommer, Herbst
Dauer mehrere Stunden
Alter ab 4
Ihr braucht Badesachen, Badeschuhe und ein Handtuch, bei kalten Temperaturen Gummistiefel und gute Matschhosen

Es geht los

Für dieses Mikroabenteuer braucht ihr einen Bach, dessen Strömung nicht zu stark ist. Je kleiner der Bach, desto leichter lässt sich ein Staudamm errichten. Aber auch an größeren Bächen könnt ihr es versuchen. Ihr müsst nicht gleich den ganzen Bach aufstauen, eine Umleitung am Rand zu bauen, reicht völlig aus.

Wasser sucht sich immer seinen Weg, weshalb es gar nicht so leicht ist, einen Damm zu errichten. Nutzt dafür alles, was ihr an Naturmaterialien findet; Äste, Steine und Schlamm eignen sich dafür am besten. Mit einer Säge lassen sich dicke Äste verkleinern.

Ihr könnt wild drauflos bauen oder euch vorab einen gemeinsamen Bauplan überlegen. Jede Konstruktion kann zum gewünschten Ergebnis führen. Wichtig ist, dass ihr gemeinsam überlegt, wie sich das Wasser ausbremsen lässt. Lass deine Kinder ihre kreativen Ideen ausprobieren und gib keine Bauanleitung vor.

MIKROABENTEUER-TIPP

Um Uferbereiche nicht zu überfluten, solltet ihr Staudämme, die das komplette Wasser aufstauen, am Ende eures Abenteuers wieder abbauen.

Durch kühles Nass zu waten und dort zu bauen ist ein wunderbares Abenteuer für sehr warme Sommertage. Ausgestattet mit Gummistiefeln und einer guten Regenhose, könnt ihr auch im Frühling oder Herbst das Wasser ausbremsen. Bringt euch einen warmen Tee mit, an dem ihr euch zwischendurch die Hände wärmen könnt.

SPIEL- UND BASTELIDEEN FÜR STAUDAMM-ABENTEUER

- **Unterwasser-Lupe:** Statt einer gekauften Becherlupe könnt ihr euch aus einer Dose, einem Gummi und einer Klarsichtfolie selbst eine Unterwasserlupe bauen und Tiere im Wasser beobachten.
- **Schleusen:** Baut eine Schleuse und lasst ein Boot aus Ästen oder Rinde hindurchfahren.
- **Wasserrad:** Ganz schlaue Tüftler können sich an ein Wasserrad aus Naturmaterialien wagen.
- **Kescher:** Habt ihr in eurer Sandkastenkiste ein Sieb? Damit lassen sich wunderbar kleine Lebewesen fangen und bestaunen. Ein Küchensieb ist dafür ebenfalls bestens geeignet.

DEN FOKUS AUFS DETAIL RICHTEN

Ein Mikroabenteuer mit Entschleunigungs-Garantie

Jahreszeit Frühling, Sommer, Herbst
Dauer auf die Schnelle
Alter ab 4
Ihr braucht evtl. eine Becherlupe

Es geht los

Die Natur lässt uns in ihrer atemberaubenden Schönheit und Größe häufig ehrfürchtig staunen. Es sind allerdings nicht die großen Naturwunder, die Kinderaugen zum Leuchten bringen, sondern die kleinen Dinge, die es täglich zu beobachten gibt und zu verstehen gilt.

Unsere Kinder nehmen in ihrer Umgebung sehr viele Details wahr, die sie interessieren. Nimm dir die Zeit, mit ihnen gemeinsam den Fokus auf diese spannenden Kleinigkeiten zu richten.

Schnell und ohne jeglichen Aufwand ist dieses Mikroabenteuer perfekt geeignet, um in jedem noch so stressigen Alltag Platz zu finden.

Macht euch gemeinsam auf in den Wald, setzt euch auf eine Wiese, an einen Bach oder spaziert in den nächsten Park. Ihr könnt selbstverständlich auch einen eurer täglichen Wege nutzen, wenn ihr dabei an einem Fleckchen Natur, und ist er noch so klein, vorbeikommt.

Anschließend macht ihr als Familie das, was uns unsere Kinder ohnehin tagtäglich vormachen: Anhalten, Schauen, Entdecken, Weiterlaufen und das Ganze wieder von vorne. Kleine Tiere, lustige Astformationen, leuchtende Blumen, die Bewegungen einer Pfütze, die mit einem Stock gerührt wird usw. Es gibt unendlich viel zu entdecken, wir Erwachsenen haben meist nur verlernt, den Fokus auf die Details zu richten.

MIKROABENTEUER-TIPP

Dieses Mikroabenteuer ist wunderbar entschleunigend. Es bedeutet allerdings auch, dass ihr euch sehr langsam bewegen werdet. Du solltest ausreichend warme Kleidung im Mikroabenteuer-Gepäck haben oder spielt zwischendrin eine Runde Fangen. Wer sich viel bewegt, hat genügend Wärme von innen und friert nicht.

AUF SPURENSUCHE GEHEN

Tierspuren finden und bestimmen

Jahreszeit Herbst, Winter
Dauer auf die Schnelle
Alter ab 4
Ihr braucht ohne Ausrüstung möglich

Es geht los

In unseren Wäldern, auf unseren Wiesen und sogar im Stadtpark finden sich unzählige Tiere, die Spuren hinterlassen. Begebt euch gemeinsam auf Fährten- und Spurensuche: Wer findet die erste Spur? Wer weiß, zu welchem Tier sie gehört? Was hat das Tier dort gemacht?

Besonders im Herbst und im Winter, wenn es ohnehin schwerfällt nach draußen zu gehen, eignet sich dieses Mikroabenteuer als gemeinsame Mission.

Im Herbst ist der Boden feucht und weich, wodurch ihr viel einfacher Spuren erkennen könnt und Neuschnee im Winter ist perfekt, um nicht nur Tierspuren zu entdecken, sondern den Spuren auch eine Weile zu folgen.

Wenn ihr keinen Wald in der Nähe habt, lassen sich auch im Park um die Ecke Spuren lesen und Geschichten daraus spinnen: Sind das etwa Spuren eines Wolfes? Oder doch von den großen Hunden dort vorne? Auch Igel, Eichhörnchen, Katzen, Vögel und Mäuse tummeln sich in der Stadt genauso wie im Wald und hinterlassen Spuren. Schaut gemeinsam ganz genau hin.

RUHEZEITEN DER TIERE RESPEKTIEREN

Gerade im Winter brauchen Tiere ihre ganze Energie, um zu überleben, weshalb ihr Tierspuren auf keinen Fall zu tief in den Wald folgen dürft.

Begegnet auch zu jeder anderen Jahreszeit Tieren immer mit Abstand, verhaltet euch ruhig und treibt sie auf keinen Fall in die Enge.

Den Tieren auf der Spur

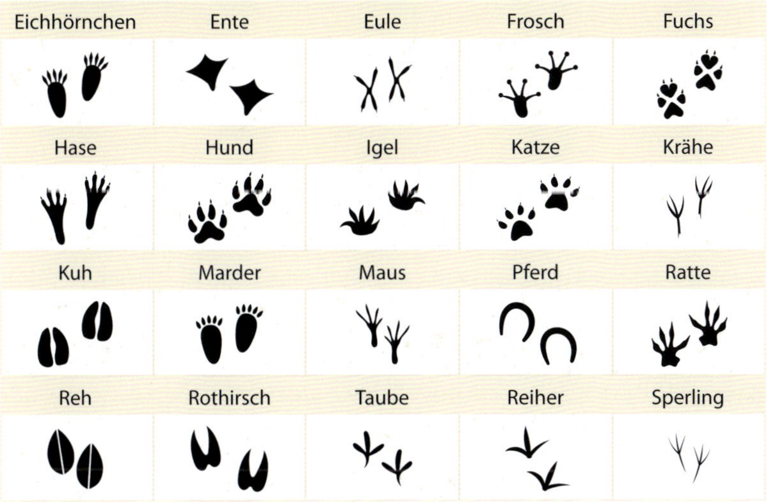

NATURKUNSTWERKE ERSCHAFFEN

Sammeln und gestalten für fantasievolle Naturliebhaber

Jahreszeit Frühling, Sommer, Herbst, Winter
Dauer auf die Schnelle
Alter ab 4
Ihr braucht evtl. einen Sammelbehälter

Es geht los

Du willst mit deinen Kindern Zeit an der frischen Luft verbringen, nach ein paar Minuten draußen vernimmst du allerdings ein genervtes *„Langweilig“*? Das ist kein Grund, direkt auf den nächsten Spielplatz abzubiegen, sondern genau der richtige Zeitpunkt mit einem Mikroabenteuer zu starten, das du immer und überall durchführen kannst: Ihr schafft ein Kunstwerk aus Naturmaterialien.

Für diese Mikroabenteuer könnt ihr in den Wald gehen, ihr könnt aber auch im Park um die Ecke zu Künstlern werden.

Sammelt verschiedene Materialien wie Steine, kleine oder große Stöcke, Blumen, Eicheln, Kastanien, Zapfen, Tannenzweige, Federn usw. Ein Sammelbehälter, wie ein Jutebeutel oder eine Brotdose, ist je nach angestrebter Kunstwerkgröße sicherlich eine gute Idee.

Ihr könnt selbstverständlich wild drauflosbauen, euch vorab gemeinsam eine Idee überlegen oder jeder von euch vertieft sich in sein eigenes Kunstwerk.

KUNSTWERK-IDEEN

- **Mandalas:** Mandalas sind Bilder aus geometrischen Formen, die sich um einen häufig runden Mittelpunkt konzentrieren. Fangt mit der Mitte an und legt das Bild um diese Mitte herum. Mandalas legen wirkt beruhigend und hilft beim Stressabbau.
- **Körperbild:** Legt euren Körper aus Naturmaterialien nach. Dafür legt sich ein Familienmitglied mit ausgestreckten Beinen und Armen auf den Boden und die anderen platzieren Zapfen, Steine usw. rundherum, sodass am Ende ein Körperabdruck übrigbleibt.
- **Barfußpfad legen:** Reiht verschiedene Naturmaterialien aneinander und baut euch so einen Mini-Barfußpfad.
- **Lustige Gesichter legen:** Nichts entspannt mehr als eine Runde gemeinsames Lachen. Legt ulkige Gesichter und kringelt euch anschließend vor Lachen über die witzigen Gestalten.
- **Ein stilles Kunstwerk bauen:** Versucht gemeinsam ein Kunstwerk zu legen, ohne euch dabei zu unterhalten oder abzusprechen. Einer macht den Anfang und die anderen legen ihre Ideen dazu.

FAHRRADTOUR UM EINEN SEE

See-Umrundung für Fahrrad-Liebhaber

Jahreszeit Frühling, Sommer, Herbst
Dauer mehrere Stunden
Alter ab 4
Ihr braucht Fahrräder, Verpflegung, passende Kleidung, evtl. Badesachen und ein Handtuch

Es geht los

Vor ein paar Jahren hatte ich die Idee, um einen See zu fahren. Auf die Frage meines Mannes, welchen See ich mir denn vorgestellt hätte, immerhin hatten wir ein 4-jähriges Kind daheim, das selbst Fahrrad fährt, meinte ich: den Chiemsee.

Du musst dir für eure Mikroabenteuer-Fahrradtour ja nicht gleich den drittgrößten See in Deutschland raussuchen, eine kleinere (oder sogar größere) Version davon ist völlig in Ordnung.

Schaut gemeinsam auf einer Karte eurer Umgebung nach dem nächsten See. Wie groß ist er? Führt ein Weg darum herum? Wie kommt ihr dorthin? Wie lange braucht ihr für die Umrundung? Häufig ist das Aufbrechen das Schwierigste. Aber ein konkretes Ziel, wie ein See, ist ein guter Tritt in den Allerwertesten.
Vielleicht müsst ihr unterwegs schieben, vielleicht die Fahrräder über Wurzeln oder Baumstämme heben. Das macht den Reiz des Abenteuers aus, dass nicht komplett alles ins kleinste Detail geplant ist bzw. geplant werden kann.
Kleine Seen könnt ihr schon mit dem Laufrad in Angriff nehmen. Ein Laufrad lässt sich auch auf einem Fahrradanhänger befestigen, wenn die kleinen Abenteurer-Beine nicht mehr können. Für größere Kinder, die schon selbst fahren können, denen allerdings am Ende eines langen Fahrradtages die Luft ausgeht, kannst du ein Tow Rope oder eine Eltern-Kind-Tandemkupplung anschaffen.

Tandemkupplung: Die bekannteste Eltern-Kind-Tandemkupplung ist die von FollowMe. Damit kann ein Kinderfahrrad an das Rad eines Erwachsenen angekoppelt werden. Der Vorderreifen des Kinderfahrrades ist in der Luft und das Kind kann sich auf seinem Fahrrad ausruhen.

Tow Rope: Ein Tow Rope ist ein dehnbares Abschleppseil, mit dem du müde Kinder Steigungen hochziehen kannst. Das Seil, welches an der Lenkerstange des Kinderfahrrads und am Sattel des Elternfahrrads befestigt wird, ist elastisch, damit das Kind nicht von ruckartigen Bewegungen überrascht wird.

MIKROABENTEUER-TIPP

Selbstverständlich könnt ihr dieses Abenteuer beliebig variieren, sodass ihr statt um einen See zu fahren, einem Fluss bis zu seiner Quelle folgt, ein Gebirge überwindet (du darfst groß denken), ein ganzes Bundesland umrundet, zu entfernten Verwandten fahrt usw.

VERSTECKEN SPIELEN

Unsichtbare Abenteurer finden

Jahreszeit Frühling, Sommer, Herbst, Winter
Dauer auf die Schnelle
Alter ab 4
Ihr braucht ohne Ausrüstung möglich

Es geht los

Im freien Gelände könnt ihr wunderbar Verstecken spielen. Dieses einfache Spiel an der frischen Luft lässt euch den Alltag schnell vergessen!

Verstecken spielen kennen wir alle und bestimmt haben auch deine Kinder dabei schon jeden Winkel eures Zuhauses erkundet.

In der Natur und vor allem im Wald könnt ihr richtig gut verstecken spielen. Da gibt es die einfachen Verstecke hinter Bäumen, Wurzeln oder Steinen. Und die richtig schweren Verstecke, wenn ihr euch unter Laubhaufen tarnt oder auf Bäume klettert, denn dort oben sucht euch so schnell sicher niemand.

Beim Verstecken spielen im Wald könnt ihr so richtig auf Tuchfühlung gehen mit der Natur und eins sollte dabei von vornherein klar sein: Schmutzig machen ist erlaubt.

SICHERHEIT GEHT VOR

Je nach Alter der Kinder teilt ihr euch am besten in zwei Gruppen auf, damit kleinere Kinder nicht allein im Wald unterwegs sind. Außerdem macht es Sinn, dass ihr vorab ein euch unbekanntes Gelände gemeinsam auskundschaftet. Stellt sicher, dass es zum Beispiel keine steilen Abhänge oder Löcher gibt. Auch Höhlen oder Höhlensysteme sollten deine Kinder nicht allein aufsuchen. Ältere Kinder müssen außerdem darauf achten, dass sie bei der eifrigen Suche nach einem richtig genialen Versteck nicht die Orientierung verlieren.

Eurer Kreativität sind bei den Verstecken keine Grenzen gesetzt und du als Abenteurerin bist nicht die stille Beobachterin, die alles im Blick hat. Sei mittendrin bei diesem Spiel, eifrig auf der Suche nach einer genialen Versteckmöglichkeit, mit schmutzigen Knien, Matsch-Tarn-Streifen auf den Wangen und einem dicken Grinsen im Gesicht.

EINE GERÄUSCHE-KARTE ERSTELLEN

Ohren spitzen und Stift zücken

Jahreszeit Frühling, Sommer, Herbst, Winter
Dauer auf die Schnelle
Alter ab 4
Ihr braucht ein Blatt Papier und einen Stift

Es geht los

Die Welt um uns herum ist voller Geräusche, die wir bewusst und unbewusst wahrnehmen. Für dieses einfache Mikroabenteuer am Nachmittag braucht ihr einen Zettel, einen Stift und ein schönes Fleckchen in der Natur. Macht euch auf in den Wald, legt euch auf eine Wiese oder setzt euch auf eine Bank im nächstgelegenen Park.

Dieses Abenteuer ist auch wunderbar in der Stadt durchführbar, wobei es umso schöner ist bzw. klingt, je weniger Verkehrslärm um euch herum zu hören ist.

Nehmt euer Blatt und einen Stift zur Hand und markiert euren Standort mit einem X in der Mitte. Jetzt schließt ihr die Augen und konzentriert euch auf die Geräusche in eurer Umgebung.

Was hört ihr und aus welcher Richtung kommt es? War das Geräusch vor, hinter oder neben euch? Markiert die richtige Stelle in der Karte. Wer gerne malt, der kann auch zu Papier bringen, was das Geräusch verursacht hat (Vögel, Blätterrauschen, Bienen usw.). Ältere Kinder können schon selbst malen, für kleinere Kinder kannst du das übernehmen.

Dieses Abenteuer ist gar nicht so einfach, es schärft aber ungemein die Wahrnehmung mit dem Gehör und die Konzentration.

MIKROABENTEUER-TIPP

Dieses Mikroabenteuer eignet sich besonders für wärmere Temperaturen, da ihr euch dabei nicht bewegt. Regen ist auch nicht unbedingt förderlich für euer Malvorhaben. Am besten kombinierst du dieses ruhige Abenteuer mit einem anderen, etwas actionreicheren Abenteuer aus diesem Buch.

Das Schöne ist, dass ihr dieses Abenteuer immer wieder unternehmen könnt und jede eurer Geräusche-Landkarten anders aussehen wird.

EINE WALD-SCHNITZELJAGD VERANSTALTEN

Auf Verfolgungsjagd gehen

Jahreszeit Frühling, Sommer, Herbst, Winter
Dauer mehrere Stunden
Alter ab 5
Ihr braucht ohne Ausrüstung möglich

Es geht los

Bei einer klassischen Schnitzeljagd gibt es immer zwei Teams, weshalb dieses Mikroabenteuer besonders viel Spaß macht, wenn ihr einen Nachmittag mit Freunden verbringt.

Sucht euch für die Schnitzeljagd am besten ein Waldstück aus, in dem sich deine Kinder schon ein wenig auskennen, damit sie sich nicht verirren. Aber auch der Park um die Ecke eignet sich für diesen Verfolgungsspaß.

So geht´s: Die erste Gruppe zieht gemeinsam los und sucht sich ein Versteck. Damit die zweite Gruppe die Verfolgung aufnehmen kann, hinterlässt die erste Gruppe Hinweise. Der Wald bietet dafür genügend Materialien, sodass ihr eine Schnitzeljagd jederzeit spontan starten könnt. Pfeile aus Steinen oder Ästen sind schnell gelegt und dürfen selbstverständlich auch in die Irre führen.

Mit einem zeitlichen Abstand nimmt die zweite Gruppe die Verfolgung auf. Wurde die erste Gruppe gefunden, ist das Spiel vorbei und ihr könnt die Rollen tauschen.

AUFGABEN UND RÄTSEL LÖSEN

Eine mögliche Variante der Schnitzeljagd ist das Lösen von kleinen Aufgaben bzw. Rätseln. Die erste Gruppe zieht los und überlegt sich eine Aufgabe. Damit die zweite Gruppe den Weg passieren darf, muss sie die Aufgabe lösen. Dann wechselt ihr euch ab.

Dir fallen spontan keine Aufgaben ein? Warte mal ab, auf welche kreativen Ideen deine Kinder kommen. Damit das Spiel aber nicht ins Stocken gerät, hier ein paar Anregungen:

- Baut aus Stöcken ein Hindernis, über das gesprungen werden muss.
- Legt euren Namen aus Naturmaterialien.
- Findet Reimwörter auf Baum, Blume, Käfer, Steine usw.
- Ratet mit geschlossenen Augen welchen Waldgegenstand ihr in den Händen haltet.
- Legt einen Kreis aus Naturmaterialien. Anschließend müsst ihr versuchen, die Mitte des Kreises mit einem Stein oder einem Tannenzapfen zu treffen.

EINEM BACH FOLGEN

Canyoning für die ganze Familie

Jahreszeit Sommer
Dauer mehrere Stunden
Alter ab 5
Ihr braucht Badesachen, ein Handtuch, evtl. Badeschuhe

Es geht los

Wasser übt auf die meisten von uns eine gewisse Faszination aus und sorgt obendrein für Entspannung. Wer kennt es nicht, dieses wohlige Gefühl, das sich einstellt, wenn wir das leise Rauschen des Meeres oder das sanfte Gurgeln und Plätschern eines Baches hören.

Statt aber nur entspannt am Bachufer zu sitzen, geht es bei diesem Mikroabenteuer mitten rein in das Plätschern, denn ihr begebt euch auf eine Bachwanderung. Für diesen Canyoning-Spaß braucht ihr einen naturbelassenen Bach und evtl. Badeschuhe.

Sucht euch eine geeignete Einstiegsstelle und beginnt gemeinsam bachaufwärts zu waten. Das ist leichter geschrieben als getan, denn es ist erstaunlich, wie viel Kraft das Wasser auch kleiner Bäche mitunter haben kann.

MIKROABENTEUER-TIPP

Badeschuhe sorgen für einen besseren Stand, vor allem auf steinigem Untergrund, denn unsere Füße sind das Barfußlaufen meistens nicht gewohnt. An weniger steinigen Stellen könnt ihr auf Schuhe durchaus verzichten, um den Untergrund zu spüren.

Bäche sind in der Regel recht kalt, weshalb dieses Mikroabenteuer sehr kurz sein kann. Plane dennoch genügend Zeit dafür ein, denn die Anreise an einen geeigneten Bach, die Suche nach einer guten Einstiegsstelle und die Zeit im bzw. am Wasser vergeht schnell.

Bestimmt wollt ihr noch in den Bach springen, vielleicht sogar nackt, Tiere dort beobachten, einen Staudamm oder sogar ein kleines Boot bauen. Einmal am Bach angekommen, werdet ihr euch nicht so schnell dort loseisen können.

STEINE HÜPFEN LASSEN

Faszinierendes Schauspiel für geschickte Abenteurer

Jahreszeit Frühling, Sommer, Herbst, Winter
Dauer auf die Schnelle
Alter ab 5
Ihr braucht ohne Ausrüstung möglich

Es geht los

Können Steine über das Wasser hüpfen? Jedes Kind wird erst einmal *„Natürlich nicht“*, antworten. Steine ins Wasser zu schmeißen, ist in einem bestimmten Alter die Lieblingsbeschäftigung vieler Kinder und sie wissen, wie eben diese Steine sofort untergehen. Der richtige Stein, kombiniert mit der richtigen Wurftechnik, kann dennoch mehrmals über eine Wasseroberfläche hüpfen.

Steine schnippen (oder flippen oder flitschen) ist ein perfektes Mikroabenteuer für geschickte Kinder und Erwachsene.

Fun Fact: Im Guinness Buch der Rekorde hält aktuell Kurt Steiner mit 88 Sprüngen den Weltrekord im Steine flippen.

Wasser: Am besten hüpfen Steine über das glatte Wasser eines Sees, aber auch am Meer oder an Flüssen könnt ihr Steine hüpfen lassen – nur eben nicht auf Weltrekord-Niveau.

Steine: Je flacher und dünner eure Steine sind, desto besser hüpfen sie über das Wasser. Die Steine sollten auch nicht zu groß oder zu klein sein. Wenn sie gut in eurer Hand liegen, habt ihr einen Stein in passender Größe gefunden.

Der richtige Dreh: Jetzt müsst ihr nur noch den richtigen Dreh beim Werfen rausbekommen, damit die Steine flach auf dem Wasser aufkommen und hüpfen, als wären es Gummibälle.

Steine schnippen will geübt sein, bringt also Zeit und Geduld mit.

MIKROABENTEUER-TIPP

Bist du mit Kindern unterschiedlichen Alters unterwegs, können große Kinder Steine flippen üben und kleine Kinder die passenden Steine dazu sammeln. Aus Steinen lassen sich draußen auch Blumen legen, Steinmännchen bauen oder ihr könnt sie mit Wasser bemalen, wenn ihr eine Stein-Flipp-Pause benötigt.

SCHNEEBILDER ZEICHNEN

Ratespaß für schneereiche Wintertage

Jahreszeit Winter
Dauer auf die Schnelle
Alter ab 5
Ihr braucht ohne Ausrüstung möglich

Es geht los

Ist der erste Schnee gefallen, drücken sich Kinder meist die Nasen an der Fensterscheibe platt und können das Rausgehen kaum erwarten. Dennoch ist es mitunter eine große Herausforderung die warme Wohnung zu verlassen, denn die Kälte und die nötige dicke Kleidung sind nicht immer motivierend.

Habt ihr es nach draußen geschafft, ist die Bewegung in der kalten und klaren Luft eine wahre Wohltat. Bei viel Schnee kommen die meisten Kinder zunächst auf viele Spielideen. Dennoch ist es gut, ein paar Schnee-Mikroabenteuer zu kennen, sollte die erste Begeisterung abgeflacht sein.

Eine schöne und ruhige Beschäftigung im Schnee ist das Malen und Erraten von Schneebildern. Dabei läuft einer von euch ein Bild und die anderen müssen rätseln, was er *gezeichnet* hat. Das ist schwerer als es zunächst klingt und die Vorschläge sind mitunter sehr lustig. Perfekt, denn Lachen ist gesund, entspannt und hält euch von innen warm.

WEITERE MIKROABENTEUER-IDEEN FÜR SCHNEEREICHE WINTER:

- **Gemeinsam stark sein:** Teamarbeit stärkt den Zusammenhalt. Setz dich als Erwachsene auf den Schlitten und lass dich von deinen Kindern ziehen. Das macht Spaß und den Kindern wird dabei ordentlich warm.
- **Schneeball-Weitwurf:** Eine Schneeballschlacht mag nicht jedes Kind, denn Schnee im Gesicht oder im Nacken ist kalt und unangenehm. Veranstaltet stattdessen einen Schneeball-Weitwurf. Dabei kann man ohnehin nie genau sagen, wer letzten Endes gewonnen hat und somit ist es das perfekte Mikroabenteuer für alle, die mit kleinen Kindern unterwegs sind, die ja manchmal doch nicht so gerne verlieren.
- **Schneeball-Zielschießen:** Mit Schneebällen lässt sich hervorragend ein Zielschießen veranstalten. Ziele gibt es unterwegs genügend: Bäume, Schilder, Schneemänner, der eigene Schlitten und ja, vielleicht auch manchmal der Popo von Mama.
- **Spurenlesen:** Spuren im Schnee sind für Kinder unglaublich faszinierend. Wer nach einer Nacht voller Neuschnee draußen unterwegs ist, der wird in der frischen Schneedecke ganz sicher verschiedene Tierspuren entdecken.

NACH HAUSE LAUFEN

Die Gegend vor eurer Haustüre neu entdecken

Jahreszeit Frühling, Sommer, Herbst, Winter
Dauer mehrere Stunden
Alter ab 5
Ihr braucht passendes Schuhwerk, geeignete Transportmöglichkeit für kleine Kinder, eine Karte eurer Umgebung oder eine Navigations-App

Es geht los

Seid ihr schon einmal nach Hause gewandert? Mitunter kann sich der Weg vom Kindergarten nach Hause, vor allem mit sehr kleinen Kindern, durchaus wie eine Wanderung anfühlen. Je älter aber deine Kinder werden, desto verlässlicher können sie auch schon längere Strecken selbst laufen bzw. wandern. Auf der Suche nach einer spannenden Wanderidee befragen wir Eltern dann meist fieberhaft das Internet und landen am Ende auf Themenwegen, Abenteuerspielplätzen oder doch im nächsten Wildgehege. Dabei gibt es so viele kreative

Ideen, wie ihr euch ganz einfach euren eigenen Abenteuer-Wanderweg erstellen könnt.

Wie wäre es mit einer Wanderung zurück nach Hause? Gerade ältere Kinder kannst du wunderbar in die Planung dieses Mikroabenteuers mit einbeziehen.

SO FINDET IHR EINEN AUSGANGSPUNKT FÜR EURE WANDERUNG

- **Kreise zeichnen:** Zeichnet auf einer Karte einen Kreis von 2, 5, 10 oder 20 Kilometern um euer Zuhause herum ein. Ihr werdet erstaunt sein, bis wohin sich die Kreise ziehen. Abhängig von eurer Wanderlaune und der Kondition aller Abenteuer-Mitglieder, sucht ihr auf einem der Kreise die nächste Bushaltestelle bzw. den nächsten Bahnhof.
- **Linien folgen:** Ihr könnt auf einer Karte auch der Buslinie oder den Zuggleisen folgen, die bei euch um die Ecke startet, bis zu einer bestimmten Station, die euch gefällt, z. B. weil sie einen besonders spannenden Namen hat oder ihr noch nie dort wart.

Ist ein Ausgangspunkt für eure Wanderung gefunden, kauft ihr euch ein Ticket für den öffentlichen Nahverkehr, schnappt euch passende Schuhe, geeignete Kleidung und packt genügend Proviant ein. Zusätzlich ausgestattet mit einer Karte oder einer Navigations-App geht es los.

MIKROABENTEUER-TIPP

Lasst euch nicht die schnellste Route in einer Navigations-App berechnen, sondern versucht selbst, den besten Weg zu finden.

Das Ganze funktioniert selbstverständlich auch in die andere Richtung: Ihr wandert von zu Hause los zu einem bestimmten Punkt, den ihr euch vorab überlegt hab.

PFEIL UND BOGEN BASTELN

Sich wie Robin Hood fühlen

Jahreszeit Frühling, Sommer
Dauer mehrere Stunden
Alter ab 5
Ihr braucht eine dicke Schnur, ein Taschenmesser

Es geht los

Bei diesem Mikroabenteuer bastelt ihr euch Pfeil und Bogen selbst. Zuerst müsst ihr einen biegsamen Ast für den Bogen finden.

Liegt am Wegesrand kein passendes Exemplar, dann gestaltet die Suche noch abenteuerlicher, indem ihr auch abseits der Wege schaut.

Vor allem frische Äste, wie ihr sie im Frühling findet, eignen sich besonders gut. Haltet dafür Ausschau nach einem Haselnussbaum, einer Esche oder Weide.

Habt ihr einen passenden Ast gefunden, schnitzt ihr mit dem Taschenmesser eine kleine Kerbe in die beiden Enden. Jetzt könnt ihr den Stock biegen und eine Schnur an den Einkerbungen festknoten, sodass der Bogen gespannt ist.

Für die Pfeile benötigt ihr Äste, die möglichst leicht und gerade sind. Den perfekten Pfeil gibt es nicht, denn je nach Größe, Gewicht und Biegung verhält sich ein Pfeil ganz unterschiedlich. Probiert es einfach aus.

PFEIL UND BOGEN VERSCHÖNERN

Selbstverständlich könnt ihr eure Pfeile noch mit mitgebrachten Federn verschönern oder an einer Seite anspitzen. Auch euren Bogen könnt ihr perfektionieren, indem ihr die Rinde mit einem Messer abschält und in der Mitte lediglich einen kleinen Griff aus Rinde übriglasst.

Sind Pfeile und Bogen fertig, seid ihr bereit für ein wildes Spiel im Stil von Robin Hood oder Cowboy und Indianer. Steckt euch Blätter ins Haar, malt euch aus Matsch eine Kriegsbemalung auf die Wangen und tobt gemeinsam durch den Wald. Mit einem dicken Grinsen auf den roten Wangen werdet ihr am Abend garantiert entspannt einschlafen.

EINE SONNENUHR BAUEN

Die Uhrzeit ohne Strom und Batterie bestimmen

Jahreszeit Sommer
Dauer mehrere Stunden
Alter ab 5
Ihr braucht eine Uhr und einen langen, geraden Stock

Es geht los

Anhand des Schattens können wir ablesen, wie spät es ist. Du weißt das, aber deine Kinder wissen wahrscheinlich nicht, dass für die erste Zeitmessung die Sonnenuhr erfunden wurde.

Bei diesem Mikroabenteuer für sonnige Tage baut ihr euch eine Sonnenuhr aus Naturmaterialien selbst. Es könnte sein, dass dieses Abenteuer ein paar Fragen bei deinen Kindern aufwirft. Versuche es nicht mit komplizierten Erklärungen, für den Anfang reichen die folgenden Informationen:

SONNENUHR-WISSEN

Die Erde braucht 24 Stunden, um sich einmal um die eigene Achse zu drehen. Dadurch ändert sich der Stand der Sonne und damit auch der Schatten, den wir nutzen, um die Uhrzeit abzulesen.

Damit die Sonnenuhr zuverlässig das ganze Jahr über funktioniert, müsste der Stab, den ihr für die Sonnenuhr nutzt, parallel zur Erdachse stehen. Das ist an dieser Stelle aber erst einmal nicht wichtig. Für euer sommerliches Mikroabenteuer reicht ein Stab, den ihr aufrecht in die Erde steckt, völlig aus.

Ihr braucht eine ebene Fläche, die möglichst lange in der Sonne liegt. Ihr könnt z.B. eine Strandfläche oder einen großen Rasen nutzen oder viele glatte Steine zu einer Fläche anordnen. Jetzt sucht ihr euch einen langen, geraden Stock, den ihr senkrecht in die Erde steckt.

Anschließend bestimmt ihr mithilfe einer mechanischen Uhr die aktuelle Uhrzeit und markiert die Stelle, wo der Schatten hinfällt, mit einem Stein oder einem kleinen Stock. Am besten wartet ihr dazu die volle Stunde ab.

Jetzt heißt es geduldig sein. Wie wäre es mit einer Runde in der Hängematte dösen oder schnitzen? Zu jeder vollen Stunde markiert ihr die nächste Stunde auf eurer Fläche beziehungsweise Sonnenuhr.

Um eure Sonnenuhr zu vervollständigen, müsstet ihr recht lange ausharren. Es geht bei diesem Mikroabenteuer aber gar nicht darum, eine komplette Uhr zu bauen, sondern zu sehen, wie die Sonne wandert und dass wir damit die Uhrzeit ablesen können.

SCHNITZEN LERNEN

Draußen-Kunst für geschickte Hände

Jahreszeit Frühling, Sommer, Herbst, Winter
Dauer auf die Schnelle
Alter ab 5
Ihr braucht ein Taschenmesser

Es geht los

Ein Taschenmesser ist ein genialer Ausrüstungsgegenstand für Kinder. Es weckt die Abenteuerlust und macht stolz, wenn man schon damit schnitzen darf.

Ausgestattet mit euren Taschenmessern zieht ihr gemeinsam los, um das Schnitzen auszuprobieren. Was euch jetzt noch fehlt, ist das passende Stück Holz. Weichhölzer wie Lindenholz oder Stöcke von

Haselnusssträuchern oder Weiden eignen sich für Anfänger besonders gut.

DAS RICHTIGE MESSER

Messer mit abgerundeter Spitze eignen sich besonders gut für Kinder. Achte außerdem darauf, dass das Messer immer scharf genug ist, denn damit verringert sich das Verletzungsrisiko: Beim Schnitzen mit einem stumpfen Messer müssen Kinder viel mehr Kraft aufwenden, was dazu führt, dass sie öfters verrutschen oder abrutschen. Kinder sind sehr individuell und wann der richtige Zeitpunkt für ein Taschenmesser ist, kannst nur du entscheiden.

Am besten legt ihr einfach los mit dem Schnitzen, ohne ein bestimmtes Ergebnis erzielen zu wollen, denn so können deine Kinder ganz spielerisch ein Gefühl für das Schnitzen bekommen.

REGELN BEIM SCHNITZEN

Kinder sollten immer vom Körper weg schnitzen, nicht mit offener Klinge herumlaufen und genügend Abstand zu anderen Kindern oder Erwachsenen halten.

Fühlen sich deine Kinder im Umgang mit dem Messer sicher, könnt ihr gemeinsam Stöcke anspitzen, die später für Stockbrot oder als Pfeile benutzt werden können. Mit viel Fantasie sehen diese angespitzten Stöcke außerdem aus wie kleine Waldwichtel. Eine weitere Schnitz-Idee ist das Verzieren eines Wanderstockes. Ihr könnt Namen, Zahlen oder Muster in das Holz schnitzen, eurer Fantasie sind keine Grenzen gesetzt. Ich bin mir sicher, dass sich mit so einem Stock der Heimweg viel leichter antreten lässt.

WANDERKARTEN LESEN

Kartenkunde für wissbegierige Abenteurer

Jahreszeit Frühling, Sommer, Herbst, Winter
Dauer mehrere Stunden
Alter ab 5
Ihr braucht eine topografische Landkarte

Es geht los

Bei diesem Mikroabenteuer lernt ihr, eine topografische Karte zu verstehen, eine Route damit zu planen und damit zu navigieren.

Es macht Kindern unglaublich viel Spaß, zu wissen, wie eine Wanderkarte funktioniert und damit sogar den Weg zu bestimmen. In der Regel sind es nämlich die Erwachsenen, die mit einem Blick auf ihr Smartphone den richtigen Weg weisen. Es ist völlig verständlich, wenn du eine App zur Routenplanung und Navigation benutzt, immerhin trägst du die Verantwortung für das gesamte Abenteuer-Team und vielleicht fällt dir die Orientierung grundsätzlich schwer. Karten lesen können ist aber nicht überflüssig geworden, denn nicht immer funktioniert die Technik wie gewünscht.

EINE TOPOGRAFISCHE KARTE VERSTEHEN

- **Himmelsrichtung:** Karten sind in der Regel nach Norden ausgerichtet, das heißt auf einer Karte liegt Norden oben.
- **Der Maßstab:** Den Maßstab einer Karte entnimmst du der Maßstabangabe. Der Maßstab gibt die Distanz im Bezug zur Wirklichkeit an. Ein Maßstab von 1:25.000 bedeutet, dass ein Zentimeter auf der Karte 25.000 Zentimetern in der Wirklichkeit entspricht, das sind 250 Meter.
- **Die Legende:** Auf jeder Karte findest du eine Legende, die die Symbole und Linien auf einer Landkarte erklärt. Es gibt Straßen, Landstraßen, Nebenstraßen, Flüsse, Seen. Außerdem Symbole für Kirchen, Bahnhöfe, Bushaltestellen usw. Macht euch gemeinsam mit der Legende und den Symbolen vertraut.
- **Die Höhenlinien:** Hügel oder Berge erkennt ihr an einem Ring aus Höhenlinien, wobei jede Höhenlinie für eine bestimmte Höhenangabe steht. Der Höhenunterschied zwischen zwei Höhenlinien ist in der Karte als sog. Äquidistanz vermerkt. Eine Äquidistanz von 20 Metern bedeutet, dass von einer Höhenlinie zur nächsten 20 Meter Höhenunterschied überwunden werden müssen. Die Beschriftung der Höhenlinien lest ihr in Richtung des steigenden Geländes. Je enger die Höhenlinien zusammen liegen, desto steiler steigt der Weg an.

Macht euch gemeinsam mit einer Karte vertraut und plant zusammen eine Abenteuer-Route. Unterwegs kannst du dann die Verantwortung zusammen mit der Karte in die Hände deiner Kinder legen.

DEN KINDERN DIE FÜHRUNG ÜBERLASSEN

Kleine Abenteurer ganz groß

Jahreszeit Frühling, Sommer, Herbst, Winter
Dauer mehrere Stunden
Alter ab 5
Ihr braucht ohne Ausrüstung möglich

Es geht los

Kinder sind von Natur aus neugierig. Sie wollen entdecken und meist alles ganz genau wissen. Sie können sich in Details verlieren und in der nächsten Sekunde gibt es kein Halten mehr und sie rennen wie wild los.

Wie wäre es, wenn du deinen Kindern heute einmal die Führung überlässt? Am besten funktioniert dieses Abenteuer auf Wegen, die den Kindern noch nicht bekannt sind. Fahrt zusammen in ein Waldstück und lege die Verantwortung für den weiteren Verlauf des Tages vertrauensvoll in die Hände deiner Kinder. Sage ihnen, dass du für alle Abenteuer-Ideen bereit bist.

Bei diesem Mikroabenteuer ist alles möglich. Es gibt kein Ziel und auch der Weg ist noch völlig unbekannt.

LEICHTER GESAGT ALS GETAN

Dieses Abenteuer steht bewusst ganz hinten in diesem Buch voller Mikroabenteuer-Ideen. Deinen Kindern die Führung zu überlassen, klingt nämlich einfach, ist es aber ganz und gar nicht. Wir sind es nicht gewohnt ohne Ziel und ohne vorzeigbares Ergebnis durch unser Leben zu gehen und das überträgt sich auf unsere Zeit draußen. Hier können wir von unseren Kindern, die sich schnell im Augenblick verlieren, sehr viel lernen.

VERBRINGT MEHR ZEIT DRAUSSEN

Kinder sind großartige Abenteurer. Wenn wir Erwachsenen uns mitreißen lassen von ihrer Neugier und beneidenswerten Fähigkeit, ganz im Moment zu versinken, können wir die Natur nochmals durch Kinderaugen wahrnehmen. Und nicht nur das. Wenn wir uns einlassen auf die Idee der Mikroabenteuer, werden wir das Draußensein wieder mit all unseren Sinnen erleben.

Ich liebe das Draußensein, das Wandern und das Reisen. Aber erst meine beiden Kinder haben mir beigebracht, dass man nicht nach dem Motto „*höher, schneller, weiter*" leben muss, um Abenteuer zu erleben. Sie haben mir gezeigt, wie schön es schon direkt vor unserer Haustür ist. Wie viel Spaß es macht, gemeinsam in die Natur einzutauchen und den Weg zum Ziel zu erklären. Auch wenn das mit Kindern bedeutet, manchmal nicht vom Fleck zu kommen.

Ich möchte dich mit diesem Buch inspirieren, mit deinen Kindern mehr rauszugehen. Die Natur in eurer Nähe neu zu entdecken. Die Schönheit dieses Planeten, die uns überall begegnet, bewusst wahrzunehmen.

Ich möchte dich mit diesem Buch daran erinnern, achtsam mit deiner Zeit umzugehen. Kinder werden so schnell groß. Jetzt kannst du den Grundstein für viele gemeinsame Erinnerungen legen. Erinnerungen, die euch zusammenschweißen und von denen ihr ein Leben lang zehren könnt.

Ich möchte dir mit diesem Buch zeigen, dass die Natur euch als Familie neue Energie und Kraft geben kann. Dass ihr eure Akkus an der frischen Luft besser aufladen könnt als auf der Couch oder dem Kinderzimmerboden.

Ich wünsche mir für dich, dass du dir zusammen mit deinen Kindern durch diese vielen kleinen Abenteuermomente Entspannung, Freude und Ausgeglichenheit in euren Alltag holen kannst.

Am meisten wünsche ich mir, dass wir alle unseren Kindern mitgeben, wie wunderschön und schützenswert unsere Natur ist. Nur was wir lieben und brauchen, können wir nachhaltig schützen.

Danke!

Danke an meinen Mann, der mich auf meinem bisherigen Weg als Bloggerin und nun auch als Autorin immer vorbehaltlos unterstützt hat, der unsere Kinder jeden noch so hohen Berg in der Kraxe rauf und wieder runtergetragen hat, und der mich immer zum Lachen bringt.

Danke an meine Eltern und lieben Freunde, vor allem dir liebe Heike, die mich auf dem Weg zu diesem Buch unterstützt haben.

Danke an die Leserinnen und Leser meines Blogs „a daily travel mate“.

Danke an mich selbst. Das habe ich bisher großartig gemacht.

Danke an alle, die dieses Buch möglich gemacht haben. Allen voran Mark Wachsmann vom humboldt Verlag, der mir jede meiner Fragen zum Verlagswesen im Allgemeinen und dem Buchschreiben im Speziellen mit viel Geduld beantwortet hat, sowie an meine Lektorin Petra Nitsche, die diesem Buch den Feinschliff gegeben hat.

Bibliografische Information der Deutschen Nationalbibliothek
Die Deutsche Nationalbibliothek verzeichnet diese Publikation in der deutschen Nationalbibliografie; detaillierte bibliografische Daten sind im Internet über https://dnb.de abrufbar.

ISBN 978-3-8426-1672-1 (Print)
ISBN 978-3-8426-1673-8 (PDF)
ISBN 978-3-8426-1674-5 (EPUB)

Abbildungen:
Stefanie Schindler: 90, 94, 96, 98, 100, 102, 104, 106, 110, 112, 120, 122, 124, 126, 128, 132, 136, 140, 142, 146, 148, 150, 152, 154, 156; 158, 160, 162, 166, 170, 172, 174, 176, 180, 184, 188, 190, 192, 194, 198, 200, 202, 206, 208, 210,
stock.adobe.com: penguin_house, shooarts, MicroOne: 12/13, 44/45, 86/87; farmuty: 92; pingpao: 108; volff 129 oben; silencefoto: 129 unten; kolesnikovserg: 130 oben; juliasudnitskaya: 130 unten; Simone: 131; lumen-digital: 138; famveldman: 144; Blickfang: 153 (1. Reihe, links); sailer: 153 (1. Reihe, rechts); Franz Gerhard: 153 (2. Reihe, links); Christian Pedant: 153 (2. Reihe, rechts); vaitekune: 153 (3. Reihe); Abhishek: 164; goodluz: 178; travelsuisse: 182; Igor: 183, ARochau: 186; Schiddrigkeit: 196; Inga Nielsen: 204;
Waldbingo Seite 137 von links nach rechts:
1. Reihe: Christine Wulf, endstern, yanushkov, Morphart
2. Reihe: jenesesimre, selma, Morphart
3. Reihe: graphuvarov, WoGi, Morphart, yanushkov

Originalausgabe

Die Ratgebermarke der Schlütersche Fachmedien GmbH
Hans-Böckler-Allee 7, 30173 Hannover
www.humboldt.de
www.schluetersche.de

Lektorat: Petra Nitsche, Bremen
Covergestaltung: ZERO, München
Covermotiv: Shutterstock/Lemon Workshop Design, Getty Images/Halfpoint Images
Satz: PER MEDIEN & MARKETING GmbH, Braunschweig
Druck und Bindung: gutenberg beuys feindruckerei GmbH, Langenhagen